Louise et Jean Charron

Sylvain, le fils que Dieu nous a prêté

Propos recueillis par
Jean-François Gosselin

Ce livre n'est pas vendu en librairie.

C.P. 120, succursale Boucherville
Boucherville (Québec)
J4B 5E6

Internet: www.lavictoiredelamour.org
Courrier électronique: info@lavictoiredelamour.org

Produit pour La Victoire de l'amour
par Édimag inc.

Photos: collection familiale
Infographie: Christian Dugas, Echo International
Correction: Gilbert Dion, Paul Lafrance

Dépôt légal: deuxième trimestre 2010
Bibliothèque et Archives nationales du Québec
Bibliothèque et Archives Canada

ISBN: 978-2-89542-337-9

Nous reconnaissons l'aide financière du gouvernement du Canada par l'entremise du Programme d'aide au développement de l'Industrie de l'édition (PADIÉ) pour nos activités d'édition.

674

Louise et Jean Charron

Sylvain, le fils que Dieu nous a prêté

Ginette !

Paix

Amour !

La Victoire de l'Amour

ÉDITION D'INSPIRATION CATHOLIQUE

Sommaire

«Une femme qui portait un enfant
dans ses bras dit,
Parlez-nous des Enfants.
Et il dit : Vos enfants ne sont pas vos enfants.
Ils sont les fils et les filles de l'appel de la Vie
à elle-même,
Ils viennent à travers vous mais non de vous.
Et bien qu'ils soient avec vous,
ils ne vous appartiennent pas.»

Extrait du recueil *Le Prophète*,
de Khalil Gibran

Préface de Sylvain

Ma mère et mon père sont les personnes les plus importantes de mon existence. Ils ont toujours été là pour moi. C'est la plus grande preuve d'amour que des parents puissent donner à un enfant. Un amour inconditionnel. Ce genre d'amour qui peut déplacer des montagnes et qui donne confiance dans les moments les plus difficiles.

Quand on est enfant, on se nourrit de cet amour et on se fortifie ainsi sans s'en rendre vraiment compte. L'enfant n'est pas conscient de tout ce que ses parents font pour lui. L'enfant n'est pas non plus conscient du fait qu'il construit ce qu'il sera, plus tard, avec ce que ses parents lui procurent. L'amour inconditionnel, l'attention, la sécurité, la constance, l'intimité, la proximité, l'écoute, font partie de ces choses.

Louise et Jean, ma mère et mon père, nous ont donné, à mon frère Denis et à moi, tout ce qu'ils ont pu nous donner. Ces éléments essentiels pour se construire sainement nous ont été donnés par nos parents. Je les aime et je les remercie du fond de mon cœur.

Maman, papa, vous avez été des parents amoureux et compréhensifs, même si tout n'a pas toujours été facile. Notre famille a connu des moments où nous nous sommes éloignés, mais nous avons su faire renaître l'amour et renouer des liens que rien ne pourrait remplacer. Grâce à Dieu.

Avoir été bercé par des parents aimants, rien ne peut remplacer cela. Et nous avons compris tous ensemble, ma mère Louise, mon père Jean, mon frère Denis et moi, que c'est la même chose avec notre Père céleste. Dieu nous aime, Il nous accueille, Il nous écoute, Il nous berce et Il éprouve pour ses enfants un amour inconditionnel. Et c'est dans la Grâce de cet amour inconditionnel que tous les membres de ma famille se sont retrouvés.

Maman, papa, je vous aime et je vous dois tout. Cette merveilleuse aventure humaine que je vis depuis 15 ans déjà et que je partage avec tant de gens, c'est grâce à vous si je lui ai donné vie. Dieu m'a offert de magnifiques parents et je l'en remercie tous les jours.

Merci.

Louise Charron

Dialogue avec mon mari, Jean

Note de l'éditeur : afin de rendre la lecture plus facile, dans les pages qui suivent les paragraphes en caractères gras seront les paroles de Louise Charron, et les paragraphes en caractères fins seront celles de Jean Charron.

Ma famille, un magnifique cadeau de Dieu

(Louise) Tous les jours, je remercie Dieu pour la famille qu'il m'a donnée. Du moment de notre mariage, mon mari et moi avons voulu avoir des enfants. Nos deux fils, Denis et Sylvain, nous en sommes tellement fiers. Ce sont nos trésors. Ceux que Dieu nous a prêtés. Leur présence a rempli notre vie de moments magiques dont nous gardons des souvenirs très tendres et émouvants.

Bien sûr, comme dans toutes les familles, tout n'a pas toujours été comme sur des roulettes, et c'est normal. Nous avons eu des hauts et des bas. Mais aujourd'hui, nous avons tous trouvé un équilibre et une sérénité, chacun de notre côté et les uns envers les autres. Nos fils se confient à nous, nous les aidons du mieux que nous pouvons, et ils sont devenus, l'un pour l'autre, des amis précieux.

C'est peut-être parce que nous avons trouvé notre raison de vivre. Pour Sylvain, ses activités à La Victoire de l'Amour le comblent au plus haut point. Denis a une famille extraordinaire avec de beaux enfants et une conjointe qui lui ont apporté beaucoup. Denis adore son épouse et ses enfants. De notre côté, mon mari et moi, nous sommes à notre retraite et nous trouvons, tous les jours, un grand bonheur à vivre ensemble, entourés de notre famille.

Nous remercions Dieu quotidiennement pour cette vie magnifique qui est la nôtre.

Longueuil, mai 2010

Pour vous chers donateurs, donatrices,

Veuillez trouver, ci-inclus, votre cadeau en guise de remerciement pour votre don du mois de mai.

Tout comme décrit à la télévision et dans notre courrier du mois, ce livre écrit par mes parents, est pour me rappeler que nos parents ont une très grande importance sur notre vie et notre avenir. Ils veillent sur chacun de nous et intercèdent auprès de Dieu pour notre bonheur. Je leur en suis très reconnaissant de m'avoir donné la vie et le meilleur d'eux-mêmes!

Encore une fois, merci de tout mon coeur pour votre don et j'aime à vous redire que, sans vous, il serait impossible d'annoncer la Parole de Dieu par la télévision et Internet !

Avec toute ma gratitude !

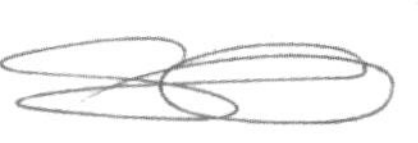

C.P. 120, Succ. Boucherville, Boucherville (Québec) J4B 5E6
Téléphones : 514-523-4433 (Montréal) • 450-670-8784 (Rive-Sud) • Sans frais : 1 888 811-9291 • Télécopieur : 450-670-3452
info@lavictoiredelamour.org • www.lavictoiredelamour.org

Même si tout n'a pas été rose. Nous avons eu des moments difficiles, nous avons dû travailler très fort pour joindre les deux bouts. Nous avons aussi vécu des moments d'insécurité et de doute. Mais lorsque je regarde tout ça, avec le recul, je peux dire que bien des difficultés se sont trouvées sur notre route pour que nous puissions parvenir au bonheur que nous connaissons aujourd'hui.

(Jean) Au début de notre mariage, il fallait compter chaque sou que nous dépensions. Ce qui ne nous a pas empêchés d'acheter une maison et un grand terrain à la campagne. C'était un milieu calme et paisible pour élever des enfants. Nous avions même un petit terrain de golf adjacent à la maison.

Mon mari et moi faisions l'entretien du terrain dans nos rares moments libres. À la fin de sa semaine de travail, tu arrivais à la maison et tu sautais tout de suite sur ton tracteur pour tondre le gazon afin que tout soit prêt pour la fin de semaine. C'était

beaucoup, mais c'était des revenus d'appoint dont nous n'aurions pas pu nous passer.

Aujourd'hui, nous vivons dans la municipalité de Stanstead et je me suis organisé pour avoir le minimum de terrain à entretenir. J'ai trop tondu de gazon à cette époque-là...

Avec ce revenu et avec d'autres petits travaux, nous avons quand même pu payer des études à nos enfants et aussi leur offrir la possibilité de s'épanouir en pratiquant certains loisirs. Denis et Sylvain ont d'ailleurs pu apprendre la musique à l'adolescence. Ça leur restera pour la vie.

C'est à 13 ans environ que Sylvain a manifesté le goût pour jouer de l'orgue. C'était vraiment sérieux dans son esprit. Il m'a dit un jour : « Papa, plus tard ça va être ma carrière. Il faut que tu m'achètes un orgue. » Il y tenait tellement et il l'exprimait avec tellement de sérieux et de conviction que nous avons accepté de lui en acheter un. Mais nous ne faisions pas des gros salaires et les orgues, à cette époque, ça coûtait beaucoup plus cher qu'aujourd'hui. Nous avons pris la décision de vendre deux chevaux que nous avions, mais qui n'étaient plus essentiels. Sur notre petite ferme d'une quinzaine d'acres, nous n'avions pas vraiment besoin des deux chevaux. C'était plus un amusement qu'un besoin. Même avec la vente des deux chevaux, il a fallu ajouter un peu d'argent. Sylvain m'a proposé de prendre ses petites économies pour contribuer à l'achat de l'instrument. Il était bien conscient qu'il s'agissait d'un achat important pour nos moyens. Bien entendu, j'ai refusé. Nous voulions que ce soit un cadeau pour lui. Sylvain était tellement content lorsque nous lui avons annoncé que nous allions procéder à l'achat de cet orgue. Je me rappelle encore, il sautait de joie et son regard brillait. Quel bonheur... Pour ce qui est des chevaux, nous en avons racheté d'autres plus tard.

Quelques semaines plus tard, Sylvain commençait des cours de musique. Il a

appris très rapidement. Il avait beaucoup de talent. Comme dans tout ce qu'il entreprend, Sylvain se concentre et se consacre complètement pour atteindre son objectif. Il voulait jouer de l'orgue, il a appris. Après quelques mois, à la fin de l'année scolaire, il y avait un concours sous forme de spectacle à l'école des Ursulines, à Stanstead. Sylvain y a joué de son orgue et il a gagné le premier prix.

Ça semblait facile pour lui. Il jouait sans aucune difficulté. Il s'en allait avec ses partitions et il nous jouait des morceaux de plus en plus difficiles.

Un peu plus tard, l'intérêt pour l'orgue a laissé la place à d'autres ambitions. Après trois ans où l'on ne faisait que dépoussiérer l'orgue, nous avons décidé, en accord avec Sylvain, de le revendre. Mais nous sommes contents qu'il ait pu s'investir ainsi dans la musique. C'est important pour un enfant d'explorer différentes choses. D'ailleurs, l'apprentissage de la musique a été très

formateur pour nos deux garçons. Pour Denis, ce fut la guitare. Autre instrument et autre genre musical.

Denis, sa musique était plus électrique, et ça faisait bien du bruit dans la maison.

Mais c'était pas grave. On avait décidé d'encourager Sylvain, alors pour Denis, ce fut la même chose. Nous lui avons acheté le nécessaire : instrument, amplificateurs et tout le reste. Et il est allé au bout de sa passion du moment. Aujourd'hui, Denis joue encore de la musique et il chante. Il aime beaucoup le style country.

***

Sylvain, le garçon à part des autres

Né en mars 1966, Sylvain était un enfant très facile. Un bon bébé, comme on dit. C'est rare qu'il pleurait et, quand il le faisait, on arrivait vite à le calmer.

On n'avait pas de trouble avec lui. Il a fait ses nuits rapidement. Il nous souriait tout le temps.

Mais vers l'âge de 22 mois, il nous a causé une petite frousse. Tout d'un coup, il s'est mis à faire de la fièvre. Une fièvre assez forte qui ne voulait pas baisser malgré tout ce que l'on a fait pour l'en soulager. On s'est rendus à l'évidence. Il fallait l'amener à l'hôpital de Coaticook. Là, les médecins ont décidé avec notre accord de le garder sous observation pour quelques jours.

Ça nous brisait le cœur de laisser notre petit à l'hôpital. On avait la gorge serrée par l'émotion. C'était dans le temps des Fêtes.

Je m'en souviens comme si c'était hier. Notre petit bout de chou était désemparé de nous voir partir sans lui. Mais comment expliquer ça à un enfant de deux ans? Ça nous a fendu le cœur de l'entendre pleurer quand nous nous sommes éloignés de sa chambre d'hôpital.

On allait le voir tous les jours, mais les médecins ne voulaient pas qu'il nous aperçoive. Alors on se tenait derrière une vitre spéciale. Nous pouvions le voir sans qu'il nous voie. C'était dur de ne pas pouvoir le prendre. Il s'ennuyait de nous et nous ne pouvions pas le consoler. Un petit d'à peine deux ans, séparé de ses parents... En plus, à un certain moment, on pensait qu'on allait le perdre. Il était branché à plusieurs tubes, dont un pour le nourrir, car il ne pouvait pas manger.

Il était blanc et n'avait aucun entrain. Il faisait pitié. Mais finalement, après une dizaine de jours, la fièvre est disparue subitement. On n'a jamais su la raison de cette fièvre.

Quand nous sommes apparus à la porte de sa chambre pour le ramener à la maison, c'était l'heure de son repas. Il était assis à une table basse pour enfant. Il s'est levé et il a couru vers nous pour nous sauter dans les bras. C'était très émouvant pour tous les trois. On a pleuré de joie. Enfin, nous pouvions le prendre. C'était terrible cette séparation d'une dizaine de jours. Je n'en dormais presque plus.

J'étais enceinte de Denis à ce moment-là, et quelques mois plus tard Sylvain a connu ce que c'était que d'avoir un autre enfant dans la famille. Au début, il était très intrigué par le nouveau venu. Il voulait tout savoir et il posait des tonnes de questions. C'était amusant. Mais la curiosité céda bien vite la place à une autre émotion. Sylvain devint un peu jaloux de son petit frère, comme pour tous les enfants qui ont soudainement à expérimenter le partage de l'attention parentale. J'allaitais Denis, alors ce temps d'attention que lui n'avait plus, ça le frustrait. Mais, de façon progressive, Sylvain a appris à accepter ce nouvel ordre des choses.

Quelques mois plus tard, alors que Sylvain était âgé d'un peu plus de trois ans, j'ai commencé à travailler à l'extérieur de la

maison. J'avais un emploi au même endroit que mon mari, à l'usine de lacets de notre petit village de Way's Mills. Sylvain a eu une réaction face à cette autre étape du détachement. Il a commencé à loucher.

Nous avons su quelques années plus tard que c'était vraiment dû au choc émotif de la séparation. Avant que je commence à travailler, je restais à la maison et je jouais toute la journée avec lui. Il était constamment avec moi. Le choc et la peine ont été des déclencheurs d'un stress qui a causé la déviation de son œil.

Avant d'avoir cette explication, nous en avons vu des spécialistes et nous en avons tenté des traitements, mais rien n'y faisait. Finalement, c'est vers l'âge de six ans que Sylvain fut opéré par un médecin de Sherbrooke.

Il était tellement nerveux, pauvre petit. Mon mari lui avait promis une belle montre s'il faisait son grand garçon. La journée où

il est sorti de l'hôpital, c'est d'ailleurs la première chose dont il s'est informé. Est-ce qu'il allait l'avoir, SA montre ?

Et il l'a eue. Il a tellement bien agi. Sans trop pleurer, il s'est fait à l'idée que nous allions le laisser le temps de l'opération et, sans se plaindre, il a accepté les applications de crème plusieurs fois par jour de retour à la maison.

Pendant une dizaine de jours, son œil était tout enflé et noir, comme un œil au beurre noir. Nous ne pouvions voir si son problème était corrigé. Nous avons dû patienter tout ce temps avant de constater le résultat. On était bien contents que son problème soit corrigé. C'est pas facile à cet âge d'avoir une différence aussi visible. À l'école, il y en a qui ne demandaient pas mieux pour se moquer. Ça n'aide pas à se faire des amis.

Mais il faut dire que Sylvain a de toute façon toujours été solitaire. Il n'avait pas d'amis à l'école.

Il faut aussi dire que lorsqu'il était petit, Sylvain se tenait toujours avec des plus âgés que lui. Nous l'avons presque toujours vu recherchant la compagnie des adultes quand il était enfant et encore à l'adolescence.

Quand on recevait à la maison, Sylvain s'assoyait avec les grands autour de la table. Il écoutait et prenait part à la conversation dans la mesure où il pouvait le faire pour son âge. Il était toujours très intéressé par les sujets de conversation des grands.

Sylvain a toujours été un garçon sérieux. Je dois même avouer qu'à l'occasion, ça m'inquiétait un peu de le voir aussi sérieux. Enfant, il était à son affaire et il ne semblait pas malheureux. Je dirais qu'il avait l'air très mature. Un peu beaucoup pour son jeune âge.

Par contre, Sylvain a toujours été attiré par les bébés. Je me souviens l'avoir souvent vu amuser les bébés lorsque nous avions de la visite à la maison. Alors que les jeunes de son âge allaient courir et jouer à l'extérieur, lui, il s'occupait des bébés. Il leur parlait, les amusait et les surveillait. Il aimait ça et ça paraissait.

***

Dialogue avec mon fils, Sylvain

Note de l'éditeur : afin de rendre la lecture plus facile, dans les pages qui suivent les paragraphes en caractères gras seront les paroles de Louise Charron, et les paragraphes en caractères fins seront celles de Sylvain Charron.

(Sylvain) Lorsque j'étais jeune, je ne pouvais pas vraiment comprendre pourquoi j'étais attiré par la compagnie des « plus grands ». Mais je sais que c'était ce qui me plaisait le plus, être en compagnie des plus âgés. Aujourd'hui, je comprends cette attirance par le fait que j'y trouvais une plus grande profondeur. Il ne s'agissait pas toujours réellement de profondeur, c'est simplement que lorsqu'un enfant de six ou sept ans côtoie des plus vieux, leur univers impressionne et paraît plus réfléchi, plus épanoui et plus vaste. Et c'est ce qui m'attirait, je voulais me dépasser et être aspiré par une dimension plus étendue de la vie. À cette époque, c'était la façon qui était à ma disposition pour y parvenir. Et la compagnie de personnes plus âgées m'apportait encore plus de profondeur. J'y puisais de plus en plus de réflexion et de maturité. C'est ce que je cherchais, une maturité et une aspiration à dépasser mon état. J'avais une soif insatiable de maturité spirituelle, et le contact avec des gens plus vieux apaisait en partie ce besoin.

(Louise) Tu ne jouais pas souvent avec des jeunes de ton âge, que ce soit des voisins, des cousins ou cousines. Des amis de la famille ou de Denis venaient à la maison, tu restais à l'écart, absorbé dans tes pensées. Ce n'est pas que tu étais mal à l'aise avec les autres, mais tu n'étais pas attiré par les jeux.

Bien sûr, j'ai toujours été un peu timide, mais surtout, c'est que je n'arrivais pas, la plupart du temps, à établir un contact qui m'intéressait. Je ressentais plus d'affinités avec les plus âgés. Je n'ai jamais non plus été attiré par le sport ou les jeux comme le ballon chasseur, le voleyball, le baseball ou le hockey. Ce qui contribuait encore plus à me tenir à l'écart. Je n'étais vraiment pas sportif, contrairement à la très grande majorité des jeunes.

J'étais souvent à l'écart des groupes de jeunes de mon milieu, car je n'y trouvais pas d'intérêt. L'enfance fut un peu comme une salle d'attente. J'y patientais en attendant d'être plus vieux, pour accéder à un autre univers, celui de la maturité.

C'est à l'école que ça m'a fait le plus souffrir. Être à l'écart dans un milieu comme l'école, ce n'est pas facile. Être différent par mes attitudes, mes goûts, mes aspirations, ajoutait au fait que je ne mêlais que très peu aux autres de mon âge, et ajoutait aussi à ma solitude.

J'étais ce que l'on peut appeler aujourd'hui le *reject* de l'école. C'est-à-dire celui que l'on cherche à humilier, celui que les autres mettent de côté, à qui l'on ne parle pas. Il y avait beaucoup de violence verbale, mais personne n'a cherché à s'en prendre à moi physiquement, car les leaders de l'école sentaient probablement que je ne me serais pas laissé faire. Je me serais défendu, alors on s'en tenait aux paroles.

On te voyait souvent revenir de l'école avec la mine basse. Ça t'affectait sûrement plus que tu ne le crois d'être à l'écart des autres.

C'est certain que tout être humain veut être aimé et apprécié des autres. Malgré la carapace que je me forgeais à cette époque, l'attitude des autres jeunes à mon endroit m'atteignait quand même un peu. Mais je dois dire que je ne m'isolais pas des autres. Je ne fuyais pas les autres, c'est simplement que je n'y trouvais pas ce qui m'intéressait. Tout jeune, j'avais besoin de dépassement. J'avais soif de réalisations, et c'est normal que des jeunes pensent plus à s'amuser qu'à se dépasser. Je n'y peux rien, j'ai toujours été ainsi.

Tes résultats scolaires étaient très satisfaisants. C'est probablement la raison pour laquelle nous ne nous sommes pas inquiétés pendant presque toute ta scolarité chez les Ursulines, au Collège de Stanstead.

Ce que je vivais socialement à l'école ne m'empêchait pas d'être parmi les meilleurs quant aux résultats académiques. L'école que je fréquentais, pour bien l'expliquer à ceux qui ne la connaissent pas, était une école privée située à Stanstead, en Estrie. Cette institution, dirigée par des religieuses, des Ursulines, avait une excellente réputation qui dépassait largement la région. Des jeunes de familles aisées venaient d'un peu partout pour y faire leur primaire et leur secondaire. La petite ville de Stanstead, blottie sur la frontière américaine, s'enorgueillissait de cette école à la renommée prestigieuse. Moi, je la fréquentais, mais pas parce que notre famille étaient riche.

Ton père et moi, on travaillait beaucoup pour un petit salaire.

Toi et papa, vous avez fait des sacrifices pour payer mes études dans une école privée de si bonne réputation. Je vous en remercie et je vous en serai toujours reconnaissant. C'est probablement un des points marquants de ma vie. Au collège, il y avait de la discipline et un encadrement qui m'ont beaucoup aidé et qui m'aident toujours, dans tout ce que j'entreprends.

Je me souviens que tes professeurs t'appréciaient beaucoup pour ton intelligence et pour ton travail.

Effectivement, je n'avais pas d'amis et je ne me sentais pas apprécié des autres élèves, mais il en allait autrement avec mes professeurs.

Pas seulement les professeurs, les religieuses aussi t'appréciaient beaucoup. Pour ta 3e secondaire, tu avais décidé de ne pas

t'inscrire au Collège de Stanstead. Tu avais décidé d'aller finir ton secondaire à la polyvalente de Coaticook. Probablement pour nous éviter d'avoir à payer ta scolarité.

Peut-être...

Tu es revenu après ta première journée et tu nous as dit, complètement découragé, que tu ne voulais plus remettre les pieds là-bas. Ça ne correspondait vraiment pas à ce à quoi tu t'attendais. Tu voulais retourner à Stanstead. Mais la période des inscriptions était terminée depuis longtemps. Nous nous sommes tout de même rendus rencontrer la sœur directrice de l'école. Elle était plutôt contente de te voir revenir. Je me souviens, elle nous a dit : « Pour Sylvain, nous allons faire une exception. Nous avons une place pour lui. » On était soulagés, mais aussi bien fiers de notre garçon.

C'est sûr que j'étais apprécié pour l'intérêt que j'avais pour les matières, même si je n'hésitais pas, à l'occasion, à exprimer mes opinions et à faire à ma tête, malgré les consignes. Surtout en ce qui a trait aux cours d'éducation physique. Je n'aimais tellement pas le sport. C'est personnel, je n'y ai jamais trouvé assez d'intérêt. Je tenais tête à mon professeur et il a fini par m'envoyer régulièrement à la bibliothèque durant les cours, afin que je fasse des recherches sur... les sports. Ainsi, chacun y trouvait son compte. Pour mon prof, Hugh Belisle, je travaillais dans le cadre de sa matière. Pour moi, ça me sauvait d'une matière que je n'aimais pas. Je conserve de très bons souvenirs de ce professeur qui a compris et respecté qui j'étais, sans toutefois capituler sur son projet de me faire aimer les sports. En fait, ce n'est pas que je n'aime pas les sports, car aujourd'hui je fais régulièrement du conditionnement physique et je me tiens en forme. Je crois que c'est plutôt l'encadrement des activités sportives qui venait en conflit avec mon grand besoin d'indépendance. Ça avivait mon côté rebelle.

Toutes ces situations de rejet, d'antagonisme et de rébellion pendant mes années d'école, au primaire autant qu'au secondaire, m'ont fourni tout de même de grandes occasions pour forger mon caractère, pour reconnaître ma valeur et pour déterminer mes forces et mes faiblesses. Ceux qui me narguaient, je leur répondais du tac au tac, et je cherchais parfois à exceller encore plus pour prouver que je valais beaucoup plus que ce que l'on pensait de moi. Pour le jeune, et plus tard pour l'ado rebelle que j'étais, ce fut un chantier très fertile.

Mais pour le garçon sensible, ça a dû être très difficile. Comme tu le disais, tout le monde cherche à être apprécié et aimé. Et ce n'est pas facile d'être à l'écart. Mais tu avais déjà de grandes qualités qui te servent encore aujourd'hui. Lorsqu'il fallait participer à des activités de financement pour des projets à l'école, tu étais toujours le meilleur. Quant il fallait vendre des barres de chocolat, tu partais faire le tour des voisins, des oncles, des tantes, puis des étrangers et tu vendais tout ce que tu avais dans un temps record. Ça nous impressionnait

beaucoup de te voir si convaincu et si déterminé.

C'est vrai que j'ai toujours aimé le contact avec les gens lorsque j'ai quelque chose à communiquer, lorsque j'ai un objectif qui m'emballe. Pour les barres de chocolat, je voulais que les gens aident à ce que nos projets scolaires se réalisent.

Tu aimais déjà organiser plein de choses à l'école. À 14 ans, tu avais même fait venir un prêtre, Christian Beaulieu, pour donner une conférence aux élèves du collège. Depuis ce temps-là, il est toujours resté en contact avec toi. Tu l'avais beaucoup impressionné. Tu te cherchais beaucoup et tu avais tellement de questions à poser sur tous les sujets, particulièrement sur la religion et sur Dieu.

Il trouvait lui aussi que je passais beaucoup de temps dans mes livres et peu à faire du sport. Mais il a vite compris que j'étais passionné par certains sujets et que de satisfaire mon besoin de savoir était ma priorité.

Tu passais bien du temps dans ta chambre à lire et à étudier.

Il y a quelques années, j'ai eu l'occasion de retourner à mon ancienne école, avant qu'elle ne ferme définitivement. J'y étais invité par mon ancien professeur d'éducation physique pour donner une conférence à tous les élèves. Cet enseignant, Hugh Belisle, avec qui j'avais eu tant de divergences et avec qui j'en étais arrivé à un compromis, cet homme droit et charitable, avait décidé que mon parcours pouvait grandement aider les jeunes à trouver leur voie. Il voulait que je leur parle de mon expérience de vie puisque mon parcours est assez singulier. Étudiant appliqué mais rebelle, j'ai surmonté des difficultés à l'école qui ont contribué à forger mon caractère et ma détermination. Même à contre-courant, j'ai réussi à trouver un sens à ma vie.

Dans cette salle remplie de jeunes gens, les souvenirs remontaient à mon esprit. En ces lieux où j'avais passé tellement de temps durant les années de mon secondaire, je me sentais un peu étourdi par tout ce déluge d'images qui envahissaient ma pensée.

Tellement de souvenirs devaient remonter à ta mémoire ! Ça n'a pas dû être facile de te concentrer...

En effet, et je voulais que mon message soit clair.

Lorsque je suis monté sur la scène de la grande salle, mon regard a balayé les rangées d'élèves. J'ai bien jaugé les *kings* de l'école. Ils étaient assis dans les premières rangées, entourés de leur « cour ». Dans toutes les écoles, dans tous les groupes, il y a les dominants, ceux qui ont un certain charisme et qui exercent un ascendant sur leurs congénères. Puis, il y a les « suiveux », ceux qui veulent plaire aux plus forts afin d'en tirer des avantages et d'avoir eux aussi accès à un certain pouvoir.

C'est un peu cynique comme analyse, mais ça fait partie du comportement social humain. C'est comme ça.

Enfin, assis plus au fond de la salle, dans les dernières rangées, comme s'ils avaient souhaité être invisibles, il y avait les *rejects*, ceux qui sont mis l'écart par les *kings*. Ceux qui, pour une raison ou pour une autre, ne sont pas considérés comme faisant partie de la *gang*. Souvent plus timides, ils servent de *punching ball*. De véritables souffre-douleur, ils ont à endurer les sarcasmes, les méchancetés et parfois les coups des dominants et de leur suite.

Bien sûr, il y a aussi les autres, qui ne font pas partie nécessairement de ces groupes et qui font leurs affaires sans être vraiment embêtés.

Et là, dans cette salle, tous ces jeunes étaient maintenant rassemblés par leurs professeurs pour entendre qui au juste ? On leur avait dit que j'étais un ancien de l'école qui avait réussi et qui avait trouvé sa voie. Moi, je voulais, entre autres, leur dire que ce que nous vivons à certains moments de notre vie, surtout à l'adolescence, n'est pas nécessairement le reflet de ce que la vie sera plus tard, à l'âge adulte. Je voulais leur démontrer par l'exemple que les premiers ne sont pas pour toujours les premiers et que les derniers, ceux qu'on laisse à la traîne, peuvent s'avérer les plus chanceux. Tout comme pour moi, les difficultés peuvent nous amener à nous dépasser et à nous faire surgir au premier plan d'une façon inattendue.

Tout en regardant au fond de la salle, je leur ai expliqué que plusieurs des rois de l'école de mon époque ne faisaient rien qui vaille aujourd'hui. Je leur ai expliqué que le pouvoir que recherchaient les plus dominants n'était en rien un raccourci vers la réussite. Ce qui fait qu'une personne trouve sa raison d'être, sa passion et en même temps le bonheur, a plus à voir avec la ténacité, le travail sur soi, l'honnêteté et le courage qu'avec le contrôle, la domination et la facilité. Tous les espoirs peuvent germer et s'épanouir quand, tous les jours, on cherche plus à savoir ce que l'on peut faire pour les autres que d'attirer vers soi-même l'attention des autres.

J'ai demandé à ces jeunes de réfléchir au groupe qu'ils formaient et aux possibilités qui s'offraient à eux. Parmi ces jeunes gens qui auront à former la société de demain, lesquels deviendraient des exemples. Lesquels allaient se démarquer. Lesquels échoueraient. Lesquels ne développeraient pas leur potentiel et leurs talents. Lesquels encore allaient plus tard surprendre par leur épanouissement et leur rayonnement.

Les *rejects*, dans cette salle, je les reconnaissais bien. Je ne les avais jamais vus, mais je me voyais en eux. Je me reconnaissais dans leur attitude, dans leur visage. À quinze ans, j'étais comme eux. Assis dans les dernières rangées, ils écoutaient mon message plus attentivement que tous les autres. Mes paroles, comme des bouées de sauvetage, ou plutôt comme des bouffées de fraîcheur et d'espoir, ils les superposaient déjà dans leur existence. Je suis certain que ce matin-là ils sont ressortis de la salle un peu plus légers. Bien sûr, ces jeunes ont leur vie bien à eux, ils sont différents de moi, ils feront leur propre cheminement. Mais pour moi, l'objectif que je m'étais fixé était atteint. Dire à tous que l'avenir appartient à ceux qui remontent leurs manches pour faire de leur vie une réussite. Que s'asseoir sur une popularité passagère ne garantit rien. Qu'apprendre à se défendre et à se battre dans l'adversité ne garantit rien non plus, mais qu'avoir un cœur et être bien guidé, c'est un terreau fertile pour prendre un bon départ.

Pour revenir à mes années passées dans cette école, c'est en 5e secondaire que j'ai vécu la période de rébellion la plus intense.

Oui. Je pense que toute la famille se souvient de cette période. Ça n'a pas été très facile. Tu étais en pleine rébellion, et nous avons eu plusieurs discussions avec la direction du collège. Ils ne comprenaient pas

trop ce qui arrivait. Tu avais toujours été studieux et respectueux. Mais là, tout changeait presque du jour au lendemain.

J'en voulais à tout ce qui représentait l'autorité. Je ne m'investissais plus dans mes études. J'ai d'ailleurs raté mon examen de religion. C'est tout dire. Mais mon caractère se développait. Aujourd'hui je le constate, à l'époque c'était tout de même difficile à vivre. Vous avez dû vous inquiéter pour ce que j'allais devenir. Je m'excuse pour tous ces soucis.

Tu n'as vraiment pas à t'excuser. Tu n'as quand même jamais fait rien de grave.

Les sœurs qui administraient le collège ont peut-être vu les choses différemment. Elle ont même décidé, à la fin de l'année, de ne pas me remettre le certificat de bonne conduite habituellement donné à la majorité à la fin de la 5e secondaire. Je leur avais tellement mené la vie dure... Vingt ans plus tard, j'ai reçu plusieurs lettres de félicitations des mêmes sœurs, qui se souvenaient de mon passage et qui étaient fières que je sois issu de l'école de Stanstead. Je pense que plus personne ne se souvient de ma dernière année.

Tu avais toujours été un élève modèle qui se faisait rarement remarquer. Aux rencontres parents-professeurs, on n'entendait que de bons commentaires. Mais cette année-là, on nous appelait parce ce tu ne te présentais pas aux cours ou encore nous avions des notes parce que tu remettais tes travaux souvent en retard.

Je prenais mes professeurs à contre-pied tout le temps et je m'opposais à eux pour un oui ou pour un non. Rien n'allait plus. Ils ont sûrement pensé m'expulser de l'école. Une tempête sévissait dans tout mon être. La tempête de l'adolescence.

Heureusement, je me suis tout de même tenu à l'écart de certaines choses dont il aurait été plus difficile de me remettre. Comme la drogue et l'alcool, qui ne m'ont d'ailleurs jamais attiré. Même à cet âge, j'étais convaincu que le chemin pour se sortir de cette ornière serait beaucoup plus complexe et périlleux que pour d'autres dérives. Dans la rébellion contre l'autorité, il peut naître des attitudes, des compréhensions extraordinaires de la vie, alors que pour les drogues, les dommages peuvent être profonds et les perturbations plus dommageables.

Tu le prouves bien aujourd'hui. Tu travailles très dur et tu te défends bien, sûrement en partie parce que tu t'es bien défendu étant jeune.

C'est certain qu'il y a aussi d'autres facteurs, mais ça m'a aidé.

Dans la famille, à la même époque de tes années de secondaire, il y a aussi eu des hauts et des bas. Je me rappelle que nous ne nous entendions pas toujours. Les disputes étaient fréquentes et prenaient bien de la place. Comme dans beaucoup de familles, nous avons failli vivre une séparation.

Heureusement, nous n'avons jamais été jusque-là. Nous avons persévéré et aujourd'hui nous en récoltons les fruits.

Les raisons pour qu'une famille éclate en morceaux sont nombreuses, mais la principale source est le manque d'amour. Les couples vivent sans prendre le temps de s'apprécier. Les frustrations s'accumulent, et l'homme et la femme sont de moins en moins réceptifs aux besoins de l'autre. Pour nous, c'est ce qui s'est passé. Ton père ne réussissait pas à contrôler une angoisse qui l'empêchait de voir clairement. Il a eu peur de perdre son emploi à la manufacture de Stanstead. Pendant quarante ans, il a nourri cette angoisse presque jour après jour... Finalement, ça c'est produit... Après 42 ans de loyaux services, la manufacture a fermé ses portes et les employés ont tous été mis à pied. Mais ça n'aura pas valu la peine de s'angoisser pendant tout ce temps.

De mon côté — j'en ris aujourd'hui — je n'arrivais pas à me calmer. Je ne sais même pas pourquoi, mais c'est comme si j'étais en colère contre tout. Nous étions donc tous les deux en crise et nous n'avions jamais pris le temps de nous parler et de nous réconforter.

J'ai effectivement bien des souvenirs de tempêtes dans la maison.

Entre Denis et moi, ça n'allait pas bien mieux. Nous étions tous les deux en constante opposition. Nous n'avions rien en commun. Quand on dit de deux personnes qu'elles ne semblent pas être de la même famille, c'était tellement notre cas, à Denis et à moi.

Mais aujourd'hui, vous êtes de grands complices.

Comme toi et papa.

Oui, c'est vrai. Nous nous entendons tellement bien. Le fait d'être tous les deux

à notre retraite nous a aidés à nous rapprocher encore plus.

Je tiens à te dire, maman, que je vous aime tous les deux profondément et sincèrement. Je veux vous le dire et je vais vous le dire souvent. Même si je pars fréquemment à l'extérieur et que je ne vous vois pas aussi régulièrement que je le voudrais, je pense à vous très souvent. Il arrive trop souvent que les gens se côtoient sans exprimer leurs sentiments; eh bien, je vais vous le dire souvent que je vous aime.

Aujourd'hui, Denis et moi, nous avons fait la paix et nous sommes heureux de vous avoir comme parents.

Il faut dire que nous avons beaucoup changé. Il y a vingt ans, nous étions souvent en confrontation, alors qu'aujourd'hui nous sommes inséparables.

Depuis que vous êtes à la retraite, vous marchez ensemble quotidiennement en vous tenant la main. Vous avez l'air si amoureux l'un de l'autre... Vous êtes beaux à voir.

C'est comme si vous aviez réussi tous les deux à vous libérer et que vous vous êtes rejoints avec tendresse et affection. Bravo !

***

La religion dans notre famille

À quatre ou cinq ans, tu me questionnais beaucoup sur Dieu, sur Jésus, sur son histoire. Tu n'arrêtais pas de me demander pourquoi Jésus avait fait ceci ou cela, pourquoi il s'était fâché dans le temple, pourquoi il avait deux papas, Joseph et un autre dans le Ciel.

Nous en parlions peu à la maison, mais ça t'impressionnait. Nous étions tous baptisés, mais comme dans beaucoup de foyers, nous ne parlions pas de religion. Toi, tu étais le seul à vouloir en parler dans la famille.

C'est vrai que chez nous, on ne parlait pas de religion. Pourquoi donc ?

Comme je le disais, c'était simplement à la mode de tourner le dos à la religion. Ça faisait un peu quétaine de parler de Dieu.

C'est vrai. Je me souviens qu'un voisin s'était moqué de moi en m'entendant parler de Jésus. La messe, Jésus, Dieu, ça ne passionnait pas grand monde. Comme dans bien des foyers québécois de cette époque, l'Église et la religion n'avaient pas la cote.

Mais un jour, à l'occasion d'une fête familiale, tu te rappelles, maman... Le prêtre qui était venu pour votre anniversaire de mariage...

Oui, c'était Christian Beaulieu. Il était tellement bon quand il parlait de Jésus. En me donnant la communion, il m'a dit quelque chose et ça a fait comme une lumière dans mon esprit. Ça paraît drôle, mais je ne me souviens pas de ces paroles exactes à ce

moment-là. Je me souviens juste que, lorsqu'il m'a parlé, en me regardant directement dans les yeux, ce fut comme un voile qui se déchirait. Je me suis dit qu'à partir de ce moment je prierais pour remercier Dieu de ce que j'avais reçu dans ma vie. Ce que Christian m'a dit m'avait fait voir que si nous cherchons toujours le bonheur plus loin et ailleurs, nous ne le trouverons jamais. Ce que Dieu nous accorde au moment présent, c'est le plus beau des cadeaux. Le bonheur se trouve dans le moment que nous vivons, si nous savons dire merci.

***

Maman, te souviens-tu de nos deux voisins, Ruth et Marius ? Ils avaient un grand domaine. Étant un adolescent sans amis et qui s'ennuyait un peu à la campagne, je leur ai demandé s'ils accepteraient que je fasse l'entretien de leur gazon. Ils ont accepté avec enthousiasme. Ce couple possédait aussi deux splendides chiens de compétition, des

Irish Shepherd. J'ai aussi convaincu Marius et Ruth de me laisser en prendre soin. J'ai toujours beaucoup aimé les animaux.

Ils étaient très satisfaits de la façon dont tu t'occupais de leurs chiens. Ils y tenaient beaucoup et ils n'auraient pas fait confiance à n'importe qui pour en prendre soin. Tu les lavais, tu les promenais.

À quinze ans et demi, la petite rémunération que j'en tirais n'était pas la plus grande satisfaction. Enfin, je pouvais m'occuper et le résultat de mon travail était tangible. Les chiens étaient contents lorsque j'arrivais, et le terrain était dans un état magnifique. Ça me comblait. Pendant ma saison chez nos voisins, j'avais eu le temps de nouer un peu plus avec ces gens toujours très aimables. Bien sûr, je les avais souvent croisés auparavant et nous avions toujours échangé des politesses, mais cet été-là, j'ai connu un autre visage de ce couple qui allait modifier très positivement mes années à venir.

Ma curiosité fut avivée par des allées et venues sur leur propriété. Je posai un jour la question à Marius : que faisaient donc ces gens qui allaient et venaient ?

Marius m'expliqua que Ruth et lui faisaient partie d'un groupe de vente dont ils étaient membres. Il s'agissait d'Amway. Fonceur comme je suis, j'ai été instantanément attiré par le concept. Je voulais en faire partie. Mais Marius a dû me ramener à la réalité. C'était un travail assez exigeant et il fallait de toute façon avoir au minimum seize ans. J'en avais quinze et quelques mois.

Ai-je besoin de préciser que ces objections ne firent pas dégonfler mon ardeur? Ce fut plutôt l'inverse. Nous étions au mois d'août et j'allais atteindre l'âge de seize ans au mois de mars suivant. Sept mois à patienter, mais pas sans rien faire. Je préparais ma stratégie de vente en attendant d'avoir ma petite trousse Amway.

Mais d'abord, tu nous en as parlé. Nous ne savions pas trop au début, mais tu nous as convaincus. Nous t'avons donné notre accord, si tu nous promettais que tu nous tiendrais au courant de tout ce que tu aurais à faire. Pas que nous ne te faisions pas confiance. Au contraire. C'est juste que tu étais encore jeune. Mais je dois dire que c'est là que tu as pris beaucoup plus confiance en toi et en tes capacités.

À cette époque, j'étais motivé par un désir de quelque chose de différent et de significatif. Je sentais que j'avais besoin d'atteindre une dimension inspirante à travers laquelle ma vie serait transformée. Avant de commencer avec Ruth et Marius, j'avais fait de petits boulots sans grand enthousiasme ni sans grand succès.

Je me rappelle avoir travaillé très brièvement pour un couple de vos amis qui tenaient un casse-croûte.

Oui, je m'en souviens. Ça n'a pas fait long feu...

Le matin, je les rencontre, la dame me donne une courte formation et elle me dit : « Bon, je crois que tu t'en sortiras bien. Après le dîner, c'est très tranquille et je te laisserai pour une heure ou deux. » L'heure arrive, elle me donne quelques dernières recommandations et elle part. Les premières vingt minutes sont effectivement très tranquilles. Aucun client ne se présente. Tout peut donc n'aller que pour le mieux. Ça se gâte lorsque quatre personnes viennent prendre place à une table. Excessivement nerveux, je m'approche et je prends leur commande en espérant qu'ils ne voudront que des boissons gazeuses. La préparation des aliments me causait un problème. Je n'avais aucune confiance en mes capacités à préparer quoi que ce soit. Au lieu de l'avouer à la propriétaire du casse-croûte, j'ai joué le jeu pour ne pas la décevoir. Mais là, lorsque les clients ont demandé hot-dogs, frites, hamburgers, j'ai voulu disparaître. Je suis retourné piteusement dans la cuisine et j'ai été pris d'une panique totale. J'ai aperçu la marmite de soupe que la propriétaire faisait mijoter et j'y ai trouvé le seul échappatoire qui pouvait me sauver.

C'est ce que tu croyais...

Certain de mon idée géniale pour me sortir de là, je suis retourné à la table et j'ai annoncé : « Nous avons un petit problème à la cuisine, et il ne nous reste que de la soupe. Est-ce que je vous en sers ? » Mi-déçus, mi-incrédules, les gens ont décidé de partir sans rien commander.

Content de ma stratégie brillante, j'ai fini ma journée de travail sans autres problèmes, pardon, sans autres clients...

Ce fut ta première et ta dernière journée à ce casse-croûte. Les quatre clients étaient des amis des propriétaires... Et nous aussi, nous en avons entendu parler pendant longtemps. Ce fut un sujet de blague entre

nous. Mais les propriétaires du casse-croûte n'ont jamais été vraiment fâchés.

Ce très bref travail m'a fait saisir un peu plus que j'aspirais à quelque chose que je ne pouvais pas encore cerner. À ce moment-là, vers mes seize ans, j'avais déjà un besoin d'avoir une vie autre que celle que me destinait mon lieu de naissance. C'est certain que je ne savais pas encore où chercher cette dimension. Dans notre famille, la dimension spirituelle et religieuse n'était pas présente. Je n'avais pas été en contact non plus avec une tradition qui aurait pu être un modèle. Je cherchais donc où je le pouvais. Et l'une de mes premières tentatives d'élévation fut faite par l'aventure Amway.

À seize ans, j'ai donc enfourché ma mobilette et je suis parti à la conquête de Stanstead, des autres villes et villages des alentours et de leurs habitants. Mon désir de dépassement m'a propulsé, à ma première année, au rang de meilleur vendeur de toute la région de Sherbrooke. Toujours sur ma petite mobilette.

Je sonnais aux portes des gens que je connaissais bien, à celle des gens que je connaissais juste un peu et à celle de ceux que je ne connaissais pas du tout. Déjà, ma détermination façonnait mes talents de communicateur. La passion que je réussissais à communiquer concernant les produits que je vendais enthousiasmait les acheteurs.

Ton implication grandissait et tu allais assister à tous les meetings. Tu étais devenu très bon. Tout comme tu le fais aujourd'hui, lorsque tu entreprenais quelque chose, tu n'y allais pas à moitié. Tu y vas à fond.

En plus, tu faisais d'autres petits boulots en même temps que tu étais représentant des produits Amway. À dix-sept ans, tu voulais aller travailler à Sherbrooke. Tu avais trouvé un emploi au restaurant Marie-Antoinette. Je n'oublierai jamais le jour où nous t'avons déménagé à ton premier appartement, sur la rue Wellington.

Au début, je n'en menais pas large dans ce petit appartement.

Mais tu voulais travailler et faire ton chemin. C'est vrai que tu avais dû te demander si tu prenais une bonne décision. Ce jour de ton déménagement, tu ne voulais pas qu'on reparte. Nous avons tout placé tes meubles, ton linge et tout ce qu'il te fallait dans les armoires. Nous t'avons même fait une épicerie. Tu as dû te sentir seul par moments. C'était aussi une très grosse coupure, pour toi comme pour nous.

Dans la même période tu continuais à travailler pour Amway. Quelques mois plus tard, tu es revenu à la maison, dans notre village de Way's Mills. Tu as trouvé un emploi comme secrétaire à la compagnie d'autobus HB. C'est alors que ton père t'a acheté ta première voiture.

Tu aidais aussi ton oncle Yvon avec sa « disco mobile ». À l'époque, c'était très populaire et vous finissiez souvent tard dans la nuit.

Ça nous rappelle un événement en particulier. Un événement pas trop drôle.

Oui, cette fameuse fin de semaine où tu as eu un accident d'auto assez grave.

C'était au retour de ma soirée de travail avec mon oncle. Il était assez tard, peut-être trois heures du matin. J'étais à quelques kilomètres de la maison et je voulais mettre une autre cassette dans le lecteur de la voiture. Pour une seconde j'ai quitté la route des yeux. Ça a été suffisant pour que je rate une courbe et que je me retrouve à faire des tonneaux avec la voiture.

Elle était d'ailleurs une perte totale.

Oui, et il s'en est fallu vraiment de très peu pour que je sois, moi aussi, une perte totale.

Lorsque la voiture s'est immobilisée sur le toit, je me suis retrouvé à moitié à l'extérieur, le haut du corps sorti par une fenêtre ouverte et les jambes à l'intérieur. Si la voiture ne s'était pas immobilisée exactement dans cette position, j'aurais été écrasé et ça aurait été la mort certaine.

Cette nuit-là, nous étions à l'extérieur, en visite chez de la famille. Lorsque nous sommes passés sur cette route secondaire tôt le lendemain et que nous avons vu une voiture un peu en bas de la route, renversée sur le toit, nous ne l'avons pas tout de suite reconnue. C'est en arrivant à la maison que nous avons eu un doute. Ton père a vu le premier une serviette tachée de sang dans la cuisine. Quelle peur nous avons eue ! Nous avons tout de suite eu le réflexe d'appeler chez ton oncle Yvon pour savoir s'il savait où tu étais. On a été bien soulagés d'apprendre que tu y étais et que tu n'avais que des coupures pas trop graves dans les circonstances.

J'ai toujours dit après ça que le Seigneur avait des vues sur toi pour t'en être sorti comme ça. Je me rappelle, tout juste après ton baptême, j'avais demandé au prêtre de te consacrer à la Vierge Marie. C'est elle qui t'a protégé, j'en suis certaine.

Un peu après cet accident, j'ai travaillé pour CIMO-FM, un poste de radio en Estrie. Je vendais de la publicité. J'y suis resté environ un an. Et c'est après ça que je suis parti pour Québec.

Ce que je retiens le plus de toute cette période, plus particulièrement chez Amway, ce n'est pas les revenus que j'en tirais, car je commençais tranquillement à le comprendre, gagner de l'argent, c'est une chose, mais je voulais trouver la voie qui me correspondait et qui me permettrait d'apporter ma contribution à un plus grand bien-être pour mon prochain.

Ce que j'ai retenu le plus de ces expériences, ça a été la qualité de certaines rencontres.

J'ai connu des gens extraordinaires qui m'ont beaucoup aidé à canaliser mes forces et à reconnaître mes faiblesses. La fougue qui m'habitait avait besoin d'être apaisée, et ce fut tout un travail d'éveil spirituel et de prise de conscience qui débuta.

J'ai eu la chance d'entendre et de rencontrer de grands motivateurs — dont monsieur Jean-Marc Chaput — qui ont joué un rôle de catalyseurs et d'éveilleurs de conscience pour moi. Je pense ici à cette conscience que chaque être humain peut accomplir des choses importantes en faisant les efforts nécessaires.

Je crois que chaque être humain peut faire de grands pas et devenir un agent de transformation dans l'amour de soi et de son prochain. Trop de gens baissent les bras simplement par manque d'encouragement. Trop de gens démissionnent et abandonnent leurs rêves et se laissent dériver au gré du courant.

Ce que j'ai gardé de ces moments à écouter Jean-Marc Chaput, c'est, entre autres, l'incroyable capacité que ce grand homme avait à allumer les flammes éteintes au fond des gens qui venaient l'entendre. Pour moi, Jean-Marc Chaput a été celui qui, le premier, m'a démontré que les sentiments négatifs ou réducteurs que l'on traîne en soi sont les plus gros obstacles que l'on ait à surmonter.

Dans mon milieu, la phrase « on est né pour un petit pain », faisait beaucoup de chemin. Et c'est de cela que je voulais me libérer.

C'est sûr qu'à l'époque, ne sachant pas ce que tu deviendrais, nous souhaitions que tu trouves un emploi à Stanstead, à l'usine. Comme nous, tu aurais pu occuper un emploi jusqu'à la retraite, comme on disait à ce moment-là.

Le problème, c'est que je savais intimement que j'étoufferais. Je savais à coup sûr que je manquerais d'air. C'est une question de personnalité, tout simplement.

(Suite du texte à la page 81)

Sylvain dans les bras de son père, alors qu'il n'avait qu'un tout petit mois d'existence. Ce petit trésor que nous désirions tant était enfin dans nos bras. Quel bonheur !

Ce souvenir du baptême de Sylvain est un magnifique souvenir… et il a très bien fait ça…

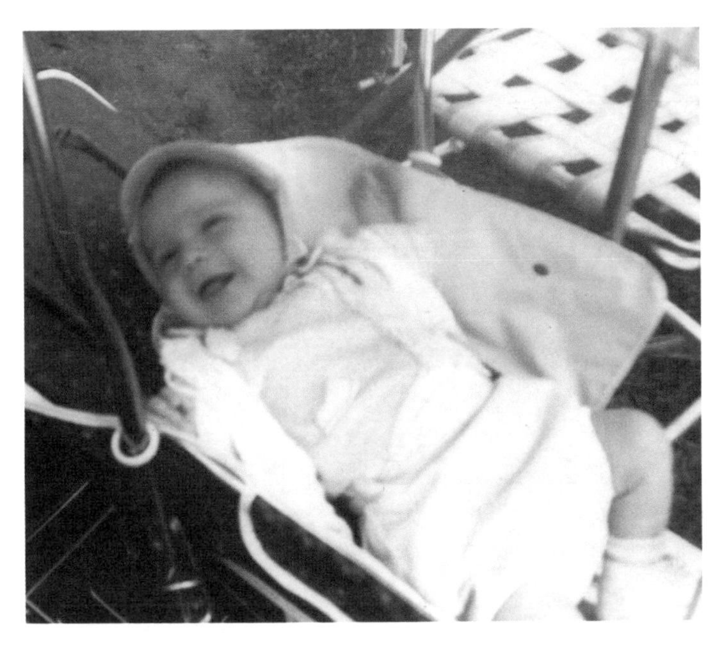

Sylvain, âgé de 11 semaines sur la photo du haut et de trois mois sur celle du bas, un enfant heureux et continuellement souriant.

À bord de sa poussette, à 4 mois, Sylvain était déjà prêt à partir à la découverte du monde.

À 5 mois, notre petit bout de chou était le centre de notre vie.

Devant la maison familiale, à 6 mois et deux semaines, notre petit Sylvain faisait déjà de gros efforts pour se tenir debout.

Quand on parle de bébé heureux, Sylvain en était un bel exemple. Toujours devant la maison, à l'âge de 7 mois et demi.

Voici Sylvain âgé de 13 mois, toujours aussi curieux et animé.

À 16 mois, l'exploration du monde prenait une nouvelle expansion. Nous demeurions à la campagne et tout autour de la maison, il y avait tant à découvrir.

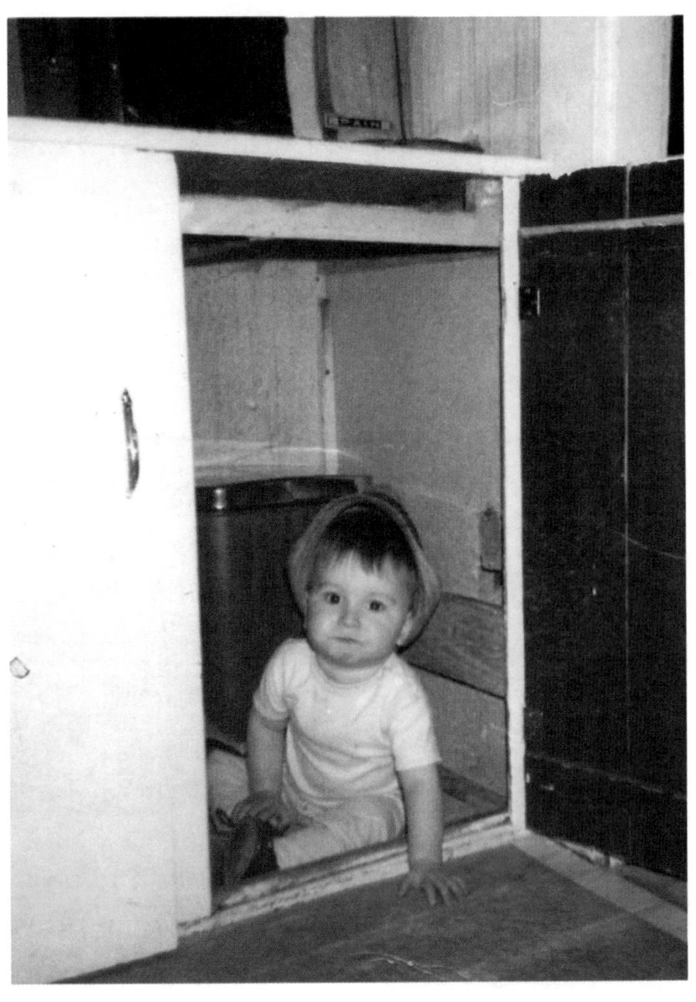

Et le même été, sous les armoires de la cuisine, alors qu'il avait 18 mois.

À 20 mois, en pleine action. C'est le mois suivant, en décembre, que nous vivrons des moments plus difficiles, alors que Sylvain fut hospitalisé durant quelques jours.

Voici une de nos belles photos après l'arrivée de Denis. Ici, Denis avait 6 mois et Sylvain était âgé de 3 ans et demi.

Quelle fierté et quel bonheur pour Sylvain d'avoir enfin 5 ans. Notre grand garçon…

Adolescent et chevauchant sa mobilette, Sylvain avait déjà la détermination qu'on lui connaît aujourd'hui.

En haut, Sylvain sur notre terrain de golf familial, et quelques années plus tard, à 30 ans, faisant de l'équitation.

La famille a toujours été une valeur importante pour Sylvain. Aussitôt qu'il en a la chance, il s'entoure de sa famille. Ici, on le voit avec son neveu Kevin et avec son père.

Une de nos belles photos de famille.

(Suite de la page 64)

Encore une fois, j'avais besoin d'accomplir autre chose. Ce n'est pas que je dénigre le travail en usine. Au contraire, c'est avec beaucoup de courage et de volonté que des générations de travailleurs se sont succédé pour nourrir leur famille et pour bâtir notre pays. Nous avons simplement des besoins différents et notre évolution personnelle ne doit jamais être comparée ou soupesée en rapport avec celle d'autres personnes. Il n'y a pas de comparaisons qui tiennent.

Tous les conférenciers et les auteurs que j'ai vus et lus m'ont fait découvrir une autre dimension, une autre vie que je ne connaissais pas, mais qui était plus en accord avec mes aspirations encore mal définies. Il était possible, en les écoutant, de réaliser ses rêves.

Beaucoup plus tard, dans le cadre des activités de La Victoire de l'Amour, j'ai eu la chance d'interviewer monsieur Chaput. Je n'ai pas manqué l'occasion de lui dire à quel point ses conférences m'avaient profondément marqué et incité à faire des changements importants dans mon attitude face à la vie. Cet homme avait changé ma vie, et je l'en ai remercié sincèrement. D'adolescent mal dans sa peau et en marge de ses pairs, je suis devenu un homme avec des objectifs en phase avec ses aspirations profondes, grâce à des gens comme Jean-Marc Chaput.

Ce passage dans les rangs d'Amway m'a beaucoup marqué, mais il devait se terminer assez vite. En tout, j'y suis demeuré environ deux ans. Après mon temps passé au Marie-Antoinette de Sherbrooke, d'autres emplois dans le domaine de la restauration ont suivi. Eh oui, encore dans la restauration ! On aurait pu croire que ma journée d'expérience dans le casse-croûte de Rock Forest aurait été suffisante pour me prouver que ce n'était pas mon domaine. Il faut croire que j'avais besoin d'autres preuves. D'autres restos et cafés de Sherbrooke et de Québec m'ont apporté la conviction que ce n'était pas ma voie.

À dix-neuf ans, tu es parti pour Québec. Tu nous disais que tu trouverais bien quelque chose à faire de différent dans une ville de cette taille. Ton oncle Luc t'a accueilli avec beaucoup de gentillesse. Il t'a trouvé un poste dans son entreprise. Il te connaissait bien et il était certain que tu représenterais bien son commerce. Il croyait en tes capacités, mais il ne se doutait pas de ce qui allait se produire.

Mon oncle Luc, ton frère, est le propriétaire d'une concession Subaru dans la ville de Québec. Ses affaires allaient et vont encore très bien. Il pouvait compter sur une équipe de représentants professionnels qui faisait tourner les affaires.

Mon oncle m'a proposé de me joindre à cette équipe. On me donna une formation sur les modèles, les programmes de location et d'achat. Je me suis tout de suite senti bien accueilli par les membres de son équipe. Jamais on ne me reprocha quoi que ce soit parce que j'étais le neveu du boss. On m'a donné ma chance de prouver ce dont j'étais capable.

Les semaines passaient et je me sentais de mieux en mieux dans ce travail. Rapidement, je suis devenu le meilleur vendeur de l'entreprise. Je me suis investi encore une fois totalement et je communiquais ma passion aux clients. J'avais à peine 19 ans et mes chiffres de ventes mensuelles dépassaient ceux des représentants chevronnés qui avaient plus de deux fois mon âge.

À un certain moment, tu avais vendu 46 véhicules dans le même mois. Ça faisait deux voitures par journée au travail. Ton oncle Luc nous avait appelés pour nous dire à quel point il était satisfait de ton travail. Il n'en revenait pas, 46 voitures dans un mois ! C'est alors qu'il t'a nommé directeur commercial. Il nous racontait à quel point tu étais à l'écoute des clients et comment ils te faisaient confiance spontanément.

Avec ce succès presque instantané, mon oncle tenait absolument à me garder dans son entreprise. Mais moi, encore une fois, je ne sentais pas encore que c'était ma place. Je savais que je réussirais à très bien gagner ma vie. Si j'étais demeuré, connaissant mon oncle et avec les résultats que j'avais obtenus, je serais aujourd'hui actionnaire dans l'entreprise et probablement directeur général de la concession.

Mais le problème, mon problème, c'était que j'avais la conviction que mon but était ailleurs. Je cherchais mon étoile et je ne l'avais pas encore trouvée. Je cherchais la nourriture qui apaiserait mon appétit. Je voulais trouver ce qui étancherait ma soif.

Je ne savais pas où trouver ce dont j'avais besoin, mais je savais que ni l'argent ni le pouvoir ne me contenteraient. Par contre, je commençais à percevoir que j'avais besoin de me sentir utile. J'avais besoin de venir en aide aux autres.

Je me rendais compte que ce qui avait fait mon succès comme vendeur de produits Amway et comme représentant chez mon oncle, c'était que j'avais la capacité à reconnaître les besoins qu'ont les gens. Lorsque j'endossais le rôle du vendeur itinérant Amway, je parlais aux gens du bien-être qu'ils ressentiraient grâce à la fraîcheur du produit. Lorsque je vendais des automobiles, je discutais avec les futurs acheteurs de leurs besoins, de leur situation, et je trouvais les mots et les arguments, toujours de façon honnête et transparente, pour qu'ils constatent que nos voitures étaient les meilleures pour combler ces besoins.

Je faisais ces rapprochements et je construisais mon argumentation de façon claire et honnête et, lorsque je voyais que la personne n'y trouvait pas son compte, je disais toujours : « Prenez votre temps et si vous avez des questions, n'hésitez pas à revenir me voir. » Souvent ces personnes revenaient, car elles se sentaient en confiance.

C'était donc là, dans cette direction, que je trouverais ma voie. Je devais trouver la façon d'aider mes semblables. Oui, je savais que c'est ce qui me motiverait le plus. Mais comment faire ? De quelle manière procéder ? Il allait me falloir encore quelques années pour trouver la façon qui me conviendrait.

***

Alors, non satisfait sur le plan des retombées humaines dans mes fonctions chez mon oncle, j'ai décidé de partir à la recherche d'autre chose. Bien sûr, je savais écouter les gens et les conseiller selon leurs véritables besoins, mais j'avais véritablement envie de rejoindre les gens sur des aspects plus essentiels de leur vie. J'avais besoin de plonger au plus profond de la vie, aux creux des aspirations profondes et vitales. À cette époque, je commençais à peine à définir le terrain sur lequel je voulais m'impliquer, celui de l'âme humaine. Mais je comprenais bien où mon insatisfaction prenait sa source. Comme l'eau qui coule sur un sol desséché, les moments où je rendais des gens heureux me rafraichîssaient et m'ouvraient au bonheur. J'avais besoin d'aider.

Tu revenais presque toutes les fins de semaine à la maison. Tu nous disais à quel point tu avais besoin de trouver quelque chose qui te plaisait. On t'écoutait et on essayait de te conseiller.

Vous m'avez toujours beaucoup aidé, et c'est pour ça que je me confiais à papa et à toi. C'est une chose que j'ai toujours trouvée extraordinaire dans notre famille : toi et papa vous nous avez beaucoup écoutés, Denis et moi.

Je partais donc à la recherche de ce qui me permettrait de renouveler à l'infini ces gestes d'amour envers mes semblables, envers mon prochain. Je ne le savais pas encore, mais je partais à la rencontre de Jésus.

Après quelques recherches, toujours dans la région de Québec, je me suis finalement retrouvé à l'Institut séculier Pie X. Je prenais contact avec le monde de la spiritualité et de l'évangélisation.

À cette époque, l'Institut, situé à Charlesbourg, était dirigé par Christian Beaulieu. Un prêtre extraordinaire qui avait pleinement épousé la cause de l'Institut Pie X.

C'est ce même prêtre que tu avais fait venir à ton école de Stanstead pour donner une conférence.

Oui. Et Christian est toujours demeuré pour moi un ami extraordinaire ainsi qu'un confident. Les membres de l'Institut Pie X avaient comme objectif et mission de faire connaître le Christ et son message d'amour au plus grand nombre. Par des contacts simples et directs et des témoignages dans les milieux populaires, le Christ est placé au centre de la vie quotidienne, sans artifice ni décorum. Je me retrouvais donc là en présence des premiers éléments au cœur de mon action à venir.

Au début, je travaillais à l'imprimerie, puis au magazine *Je crois*, qui n'existe plus aujourd'hui. Je me sentais bien avec les gens de l'Institut, et ce milieu éveillait en moi des horizons nouveaux. Entendre parler du Christ, de sa bonté et de sa miséricorde de façon nouvelle pour moi, ça me touchait. Je me sentais interpellé par ce message d'amour inconditionnel. Jésus qui aimait les plus pauvres, les plus indigents, les laissés-pour-compte. D'entendre ce message d'espoir et d'amour à l'endroit des plus démunis, ça m'ouvrait les yeux du cœur.

Nous avions bien compris qu'il se passait quelque chose de différent dans ta vie à ce moment-là. Tu nous parlais avec enthousiasme de ce que tu faisais, ce qui n'était pas arrivé depuis longtemps.

Sans pouvoir le dire, les choses commençaient à se mettre en place. Au début de la vingtaine, je décidai de me lancer dans mes premières tournées à caractère religieux. Je voulais répandre moi aussi le message du

Christ. Avec un prêtre, André Daigneault, et dans le style d'aujourd'hui, nous allions dans des théâtres, des salles de spectacle et dans des salles municipales pour parler du message du Christ. La réponse du public était extraordinaire. Les gens venaient entendre un message qui était communiqué de façon simple et concrète. Les gens venaient pour être touchés par le Christ. Nous, nous n'étions que des instruments. Comme je le fais encore aujourd'hui.

Après quelques mois extraordinaires passés avec les gens de l'Institut, je continuais à me poser des questions sur mes objectifs et mes besoins. J'ai donc été chercher d'autres expériences dans d'autres milieux. Là, mes déceptions face au monde religieux ont été grandes. J'en suis sorti désabusé. Je me suis retrouvé sur une autre voie. Je n'étais plus heureux dans le christianisme. J'étais en bri de confiance.

C'est dans ce contexte que j'ai fait la rencontre d'un autre homme très important dans mon cheminement. Claude Cossette, fondateur du groupe Cossette Communications, et enseignant à l'université Laval. J'allais le rencontrer une fois par semaine pour qu'il me donne des conseils. C'est véritablement un cours privé en communication et en publicité que j'ai eu la grande chance de suivre avec cet homme généreux. Il avait constaté mon désir d'apprendre et il m'avait pris sous son aile.

Durant cette période, j'ai énormément appris.

***

Un autre détour

Tout en demeurant à Québec, je me suis mis à la recherche d'une autre avenue pour atteindre mon objectif. Je voulais toujours aider mon prochain. Je voulais continuer à apporter ma contribution au bien-être de mes semblables. Mais encore une fois, je devais trouver LA façon.

Tu as toujours été très entier. Quelquefois, ce trait de caractère ne te servait pas au mieux, mais la plupart du temps, ça t'a aidé à t'en sortir. Tu n'as jamais accepté de faire dans la demi-mesure ou dans le pis-aller, et c'est une grande qualité. Tu as toujours tenu à être honnête et vrai dans ce que tu faisais, et je t'encourage à continuer.

C'est pourquoi je cherchais tant et tant une façon de faire le bien, sans compromis ni mensonge. À ce moment-là de ma vie, j'ai exploré le monde de l'ésotérisme, pensant trouver chez les gens qui y évoluent des éléments pour aider ceux qui souffrent.

Cette époque me remémore davantage de mauvais souvenirs et d'inquiétudes. Nous n'aimions pas te voir dans cet univers. C'est une des rares fois où nous avons tenté de te décourager. Nous t'avons soutenu dans bien des choses, mais là nous n'étions pas d'accord. Je priais pour que tu sortes de là le plus vite possible.

Je me souviens que j'insistais pour que tu viennes voir des médiums, mais tu n'as jamais accepté. C'était un non catégorique.

Non, il n'était pas question que je me mêle à ça. Ton père lui non plus n'approuvait pas. Il a d'ailleurs été bien plus affecté que moi. Rappelle-toi comment vous vous étiez éloignés à ce moment-là. Il ne comprenait pas pourquoi tu étais dans ce milieu.

C'est vrai que c'est une rare période où papa et moi on ne se parlait presque pas. Ça avait commencé un peu plus tôt, quand j'étais encore à Sherbrooke. Il ne comprenait pas ce que je cherchais à accomplir et je n'avais pas pris le temps de l'expliquer.

Et là, avec l'ésotérisme et les voyantes, il ne comprenait vraiment pas. Pourtant, ça lui faisait tellement de peine d'être moins proche de toi. Il en serait venu plus tôt à une réconciliation, mais il ne savait pas comment faire. C'est au début d'Évangélisation 2000, quand il a vu se réaliser ton

rêve, qu'il a compris ce que son fils voulait faire et ce dont tu étais capable.

Ça me faisait de la peine aussi. Notre rapprochement, ça a été un des beaux moments de ma vie.

Pour lui, c'est la même chose. Ça lui a fait un bien énorme. Tu sais, pour la plupart des parents, les enfants, même lorsqu'ils sont adultes, restent leurs enfants. Un bébé que tu as bercé et embrassé, que tu as cajolé, que tu as regardé dormir paisiblement, ça reste pour toujours ton trésor. Les parents ont tant de souvenirs tendres et émouvants de leurs enfants à toutes les périodes de la vie. C'est impossible de ne pas vouloir perpétuer une belle relation plus tard. Coupé de cette belle relation, ton père a trouvé ça dur.

Heureusement pour lui comme pour moi, nous nous sommes retrouvés avec nos sentiment intacts l'un pour l'autre. J'en remercie Dieu.

Mais c'est vrai que je n'ai pas fait dans la demi-mesure pendant cette période d'ésotérisme. Je me suis mis à faire mon réseau, puis à organiser des événements. Les visiteurs pouvaient trouver plusieurs médiums et clairvoyantes pour répondre à leurs questions, à leurs interrogations. Et ça fonctionnait très bien. La réponse du public était très bonne. Nous étions dans une période d'effervescence pour tout ce qui touchait à l'ésotérisme.

Je crois que ça répondait à un besoin, mais encore là, pas au mien. Petit à petit, je voyais bien que tout cela ne tournait pas rond. La journée où j'en ai eu assez et que je n'ai plus été capable d'endurer cette mascarade, il s'est produit un événement déclencheur.

Parmi les gens que je côtoyais, il y avait une voyante extraordinairement précise dans ce qu'elle prédisait et avec qui je travaillais régulièrement pour sa promotion, ses tournées, ses consultations et même pour des présences à la télévision. Appelons-la madame G. Elle entrait dans une transe profonde et elle changeait de voix de façon étonnante. Elle avait alors une voix basse et masculine. J'avais tenté à quelques reprises de la piéger, cette entité, comme la dame l'appelait. Mais toujours, elle me décrivait certains aspects de ma vie avec tellement de précision. C'était étonnant.

Avec cette personne, ce qui me dérangeait, c'était cette voix. Était-ce possible qu'un esprit maléfique ou non s'introduise à demande dans un corps humain ? Je ne savais pas et je ne sais toujours pas comment expliquer ce phénomène, mais quoi qu'il en soit, je n'étais pas à l'aise avec ça.

Tu me l'avais fait écouter à la télévision. C'était une belle femme, mais lorsqu'elle entrait en transe, elle prenait un air tellement diabolique. Elle me faisait peur. Je souhaitais encore plus que tu quittes ce monde-là. J'étais persuadée que c'était dangereux.

D'ailleurs, c'est un peu elle qui fut l'élément déclencheur de mon départ et de mon retour à la religion. C'est avec la complicité d'une dame qui venait régulièrement en consultation que je décidai de mettre un terme à tout ça. Cette dame qui occupait un poste important dans un hôpital de la région de Québec me disait qu'elle souffrait de maux de tête et qu'elle faisait d'horribles cauchemars pendant plusieurs nuits chaque fois qu'elle venait en consultation avec madame G. Sans parler de mes intentions, et avec l'accord de la dame, j'ai demandé à pouvoir assister à la consultation. Secrètement, je lui ai proposé de prier Dieu silencieusement, dans notre cœur, durant la consultation afin de voir ce qui se passerait. Ce qui se produisit me glace encore le sang aujourd'hui.

Dans un premier temps, l'entité — puisqu'il faut l'appeler ainsi — affirma sèchement ne pas être en mesure de donner des informations. Elle prétexta un manque d'énergie et se retira de madame G. Sans savoir ce qui s'était passé, la médium se réveilla. Nous lui expliquâmes ce que nous avions fait. Elle décida de tenter de nouveau l'expérience.

Cette deuxième tentative fut pire encore que la première. L'entité reprit possession de la voix de la médium, mais au lieu de parler sèchement comme à la première intervention, elle cria plutôt. L'entité siffla furieusement qu'elle ne pouvait pas intervenir et de ne plus la déranger. Elle repartit aussi vite qu'elle était apparue.

Pour moi, ça constituait la preuve que l'ésotérisme était un champ d'action potentiellement dangereux où des forces intervenaient de façon non naturelle. Dans cet univers, de nombreux charlatans bernaient le monde crédule, certains jouaient avec des forces néfastes que nous ne pouvons pas contrôler, et il pouvait être extrêmement malsain d'y avoir recours. Je ne peux expliquer ce qu'y s'est réellement passé avec la médium et je ne peux non plus expliquer comment de telles personnes font pour faire ce qu'elles font. Mais ça m'a profondément troublé et ça m'a convaincu de laisser tomber l'ésotérisme.

Ce n'est surtout pas nous qui allions te dire le contraire. Ça nous faisait réellement peur. D'ailleurs, ce fut une période où on te sentait fébrile et tendu. Tu n'étais pas dans ton état normal. Nous, on le voyait tout de suite. C'était même épeurant. Quand tu venais nous visiter durant ce temps-là, tu faisais les cent pas dans la maison, tellement tu étais nerveux.

Avant cet événement avec l'entité de madame G, je commençais à m'en apercevoir et mon intervention avec elle était grandement motivée par un fond de croyances religieuses qui était demeuré en moi. Et c'est ce qui m'a sauvé. Même si je gagnais beaucoup d'argent et que je pouvais me payer tout ce que je souhaitais, je m'enlisais spirituellement. C'est donc avec cette conviction religieuse que j'ai renoué pour remonter une pente abrupte. L'ésotérisme fit place à la spiritualité, à mon grand soulagement en fin de compte. J'avais l'impression de revenir au bercail.

Plus que jamais, après cette période, j'avais un besoin impétueux de trouver enfin le chemin qui me mènerait vers ma raison d'être.

Je voulais toujours aider, mais comment faire ? J'en ai pleuré un coup durant une bonne partie de ma vingtaine. Chez Amway, lorsque je vendais des voitures, dans mes emplois en restauration, comme recherchiste, avec l'Institut Pie X, en ésotérisme, avec d'autres groupes où j'ai connu de la déception... tous ces détours n'étaient que des étapes. Et je me cherchais. Je ne le savais pas encore, mais ces étapes me menaient tranquillement vers ce que je cherchais. C'est souvent ainsi que Dieu nous guide dans l'évolution que nous avons à faire.

Les desseins de Dieu ne nous sont pas expliqués à l'avance.

À la suite de cette incursion dans l'ésotérisme, j'ai eu quelques occupations en communications. J'ai travaillé comme recherchiste pour TVA à Québec et pour des éditeurs, entre autres. C'est aussi à cette époque que j'ai rencontré Hélène Fontayne, qui travaille encore avec moi aujourd'hui. C'est une amitié de longue date à laquelle je tiens beaucoup. Hélène m'a toujours écouté et elle a souvent eu le mot d'encouragement nécessaire pour me permettre de relever la tête.

Plus tard, je suis revenu dans ma région natale. Je vivais à Sherbrooke. À ce moment de ma vie, c'était comme si je ressentais le besoin de revenir à mes sources pour tenter de me retrouver. Tous ces détours à droite et à gauche m'avaient épuisé et je devenais de plus en plus insatisfait de tout ce qui m'arrivait.

Tu m'avais dit à l'époque que tu tournais en rond. Tu étais venu me voir un après-midi et tu te demandais à quoi tu pouvais bien servir. Tu souhaitais ardemment

trouver une raison de vivre pour combler ce vide dans ton cœur. Ce n'est pas facile pour une mère de voir un de ses enfants souffrir comme ça. Qu'elle soit physique ou morale, une mère voudrait tellement pouvoir prendre sur elle la souffrance de son enfant afin de le soulager. Dans cette période, j'ai beaucoup prié pour toi.

Et ça me faisait du bien de te sentir proche et prête à me venir en aide. Je sentais très bien ton amour. Ça m'a tellement aidé. Et je suis certain que tes prières ont justement contribué à ce qui est arrivé.

Il était grand temps qu'un changement radical survienne. Et il est survenu.

Quelques jours après m'être confié à toi, j'ai fait la rencontre qui a le plus contribué à faire de moi ce que je suis devenu.

C'était dans un restaurant de la rue Sherbrooke, à Montréal. Un très bon ami m'avait invité « pour que l'on se parle dans le blanc des yeux », comme il m'avait dit. Étant aussi un client de son entreprise, j'étais persuadé que quelque chose n'allait pas avec mon travail. Il voulait sûrement réévaluer notre partenariat. Je broyais déjà du noir, ça ajoutait à ma nervosité. Je commençais à me persuader qu'il me congédierait.

Le repas tirait à sa fin et nous n'avions échangé que sur des généralités; je sentais une certaine hésitation de sa part. Ça y est, me suis-je dit, dans quelques minutes, il me dira que c'est fini, notre collaboration. Ça me faisait de la peine, car j'avais une affection particulière envers cet homme qui avait souvent agi comme un conseiller sensible et intelligent. En fait, c'était comme un deuxième père pour moi. « Sylvain, me dit-il, il faut que tu fasses quelque chose... [Un court silence, mais qui parut bien long.] Je suis extrêmement content de ton travail... [Quoi ! Avais-je bien entendu ?] Mais il faut que tu fasses un examen de conscience. Tu as l'air malheureux et tu dois prendre les moyens qu'il faut pour retrouver le sourire.

Tu devrais aller faire un séjour chez les moines à Saint-Benoît-du-Lac pour remettre de l'ordre dans tes pensées. » Je ne savais pas pourquoi cet ami me parlait de Saint-Benoît-du-Lac, il n'était pas croyant.

J'allais avoir 29 ans. Nous étions en février 1995. Et ma vie allait changer.

Ce séjour à Saint-Benoît, je me souviens quand tu en es ressorti. Effectivement, tu y as trouvé quelque chose qui t'a transformé.

J'y ai trouvé la confiance. Pas seulement la confiance en moi, mais surtout la confiance que Jésus ne m'abandonnerait jamais. J'avais le choix de travailler main dans la main avec le Christ si j'acceptais de m'abandonner. En sortant du monastère, j'étais un homme transformé parce que j'étais convaincu d'avoir une mission à accomplir et que j'allais être aidé si j'acceptais de faire confiance à Dieu et à la vie.

Durant ce séjour, j'ai eu l'intuition de me consacrer à faire connaître le message d'amour de Jésus d'une façon heureuse et éclatante. Et j'ai eu la conviction intime qu'il fallait que j'utilise les moyens d'aujourd'hui pour aller trouver les gens où qu'ils se trouvent. Je voulais aller à leur rencontre et entrer dans les foyers pour parler du Christ et pour parler de ceux qui ont des témoignages authentiques à livrer. C'était là MA façon pour venir en aide aux gens. Cette façon que je cherchais depuis si longtemps et qui serait en harmonie avec mes aspirations.

Comment étais-tu certain de ce choix ?

Te souviens-tu lorsque je suis allé vous voir après cette retraite à Saint-Benoît ? Je me rappelle encore, je flottais. J'étais heureux. Je venais de recevoir l'inspiration et la motivation nécessaires pour accéder à MA raison de vivre. Je crois que dans ce genre de moment, on ne peut pas se tromper. On ne peut pas être dans l'incertitude.

Oui, je m'en souviens, tu nous parlais avec tellement de conviction et d'émotion. J'y repense et c'est vrai que la question ne se pose même pas. Tu étais sur ta voie.

Oui, effectivement, je savais. Je n'ai pas eu de vision pendant cette retraite. C'est important de le mentionner. Ça n'a pas été non plus comme un voile que l'on déchire et qui laisse passer soudainement la lumière. Au cours de cette semaine de prière, j'ai été amené tranquillement dans ma réflexion à considérer que j'avais un talent pour l'organisation et la communication. Je suis quelqu'un qui fonce et qui ne s'arrête pas devant le premier obstacle. Ce sont des forces. J'ai tout simplement compris que ces forces devaient être mises au service du message du Christ. Ce message d'amour m'avait imprégné lors de ce séjour à Saint-Benoît. Je pleurais presque chaque jour.

Tu n'as jamais beaucoup montré tes sentiments. Que s'est-il passé pour que tu pleures ?

Je ne pouvais le dire au moment de ma retraite. Je parlais longuement avec un moine en particulier. Un homme extraordinaire. Son écoute s'avérait tellement sincère que je laissais sortir toute la détresse et la peine que j'avais emmagasinées durant des années. Un barrage cédait son trop-plein et je me suis complètement abandonné. Je pense aujourd'hui que cet abandon m'a permis de faire le vide et de laisser toute la place à cette petite voix en moi qui me soufflait la solution. Depuis trop longtemps, je ne l'entendais pas. C'est ça. Ma révélation ne fut pas une vision flamboyante, mais plutôt un murmure. Une petite voix que je devais laisser s'exprimer.

Ta vie n'a plus jamais été la même après ça.

Et je savais exactement ce qu'il me restait à faire : proclamer haut et fort l'Évangile, ce message d'amour extraordinaire laissé aux hommes par Dieu.

Il te fallait tout de même de l'aide pour te lancer ainsi ?

Certainement, on ne peut tout faire seul, même avec la plus grande des volontés. J'ai communiqué avec Christian Beaulieu, ce prêtre que je connaissais bien. Je lui ai expliqué mon projet. J'ai exprimé l'opinion que ce n'est pas parce que les gens ne croient plus qu'ils ne vont plus dans les églises. La majorité ne fréquentent plus les églises pour d'autres raisons, et le meilleur moyen de les rejoindre à l'extérieur des églises était de sortir la parole de Jésus, pour l'amener là où sont les gens. Et il fallait que je le fasse de façon éclatante pour que les gens voient qu'il s'agit d'une « célébration », au sens de « célébrer » la Parole. Je sentais qu'il fallait la célébrer, cette Parole, en faire une fête joyeuse et enthousiasmante. Je me suis toujours demandé pourquoi l'Église faisait toujours tout à rabais.

Je pense que c'est un vieil héritage qui est de plus en plus remis en question. Comme

on dit, ça prend du temps avant qu'un gros navire change de direction.

C'est vrai, et ce sera magnifique que d'entrer dans une église en fête où l'on proclamera la Parole avec chaleur et avec une joie communicative. Il faut interpeller les gens comme le font les artistes quand ils donnent des spectacles. Ils ne comptent pas rejoindre le cœur des gens dans la pénombre et dans les chuchotements. Je ne voudrais pas que l'on pense que le silence et le recueillement sont mauvais. Bien au contraire. Mais il n'y a pas que cela. C'est tout cela que je voulais mettre en œuvre à la gloire de Dieu.

Tu as donc commencé par rassembler des gens dans des salles pour leur parler du Christ.

Oui, la première fois, ce fut à Sherbrooke. Cela connut un grand succès. Par la suite, la demande fut si forte que nous n'avons jamais arrêté. Dans les années qui ont suivi, l'engouement a été tel que nous devions trouver un autre moyen pour rejoindre les gens. Nous ne suffisions plus à la demande et je ne voulais pas perdre le côté intimiste de nos soirées. Louer de plus grandes salles, c'est bien pour des événements particuliers, mais dans la communication de la Parole du Christ, il fallait que je puisse parler aux gens, presque un à un. Pour que le lien humain se fasse.

C'est là que tu as eu l'idée de passer à la télé ?

Exactement. La télévision est un média lourd et difficile à maîtriser. Par contre, c'est une façon extraordinaire d'entrer dans chaque foyer, de façon directe et avec un rendez-vous. Le dimanche midi, c'est comme si j'avais un rendez-vous pour visiter des hôtes. Madame Tremblay, monsieur et madame Simard, madame Beauchamp, monsieur Sirois et tous ceux qui regardent nos émissions, c'est comme si j'avais un rendez-vous avec chacun d'eux. C'est extraordinaire. Lorsque je suis devant la caméra, je peux les imaginer et je leur parle directement. Les invités, les coanimateurs et les artistes que nous recevons en studio, sont aussi reçus chez tous ceux qui regardent notre émission. Nous nous rassemblons tous autour de la Parole du Christ et nous célébrons.

Devant l'engouement des soirées de prières, nous avons décidé de prendre un risque complètement fou sur le plan financier. Sans un sou en poche, nous avons signé un premier contrat pour quelques mois d'essais avec Cogeco. C'était un contrat de 75 000 $ qui nous diffusait dans quelques régions du Québec. Quelques mois plus tard, en septembre 1997, nous avons signé une autre entente avec le réseau TVA. C'était un contrat de 250 000 $. Cette fois-là, sur l'ensemble de la province. Sans doute que tous les comptables du Québec nous auraient déconseillé un tel risque financier. Mais j'avais la chance de croire profondément en la Providence.

À cette époque, le vice-président aux ventes chez TVA nous a fait confiance. Cet homme a été providentiel pour l'œuvre. Il ne nous a pas demandé de dépôt de sécurité. Ce qui est extrêmement rare. Nous nous sommes rencontrés et il m'a dit : « J'ai décidé de te faire confiance... et je sens que je ne serai pas déçu. »

La personne qui a grandement facilité mon entrée à TVA est monsieur Bernard Fabi. Il est un rouage important chez TVA.

Est-ce que les gens vous communiquent encore leur réactions ?

Chaque semaine, nous recevons des appels, des courriels et du courrier. Le taux de satisfaction des gens nous prouve que la formule est bonne. Il y a toujours de la place à de l'amélioration... et nous y travaillons. Mais dans l'ensemble, notre objectif est atteint.

Lorsque tu étais jeune, un souhait que j'avais était que tu deviennes prêtre. Il me

semblait que tu avais de belles qualités pour ça. Tu étais calme, avec un bon caractère, et tu posais tellement de questions sur Dieu.

Beaucoup de gens me font aussi cette remarque. On me demande pourquoi je ne suis pas prêtre. Ou encore pourquoi je ne fais pas partie de l'organisation de l'Église catholique. J'y ai longtemps réfléchi. Ce fut une option que j'ai considérée à plusieurs occasions. Quand j'ai été à Saint-Benoît-du-Lac, tout juste avant de lancer Évangélisation 2000 — et maintenant La Victoire de l'Amour —, j'ai bien pensé entrer dans les ordres.

Mais avec le caractère que j'ai, je ne crois pas que je serais à la bonne place. Je pense que je suis un peu trop fougueux et impatient. Pas assez discipliné. Je suis conscient que mes prises de position ne seraient pas toujours bien acceptées si je faisais partie de l'organisation de l'Église. Je ne veux pas donner l'impression de dénigrer l'Église, bien au contraire. Les prêtres que je connais font un travail extraordinaire et je les admire.

Je comprends. Tu as toujours aimé être libre de tes actes. L'Église, c'est une grosse organisation qui ne peut pas bouger aussi vite qu'on le souhaiterait parfois. Quand tu as une idée, tu t'investis tellement que tu aurais de la misère à attendre.

Je ne crois pas non plus qu'il faille être un prêtre pour parler de Jésus. Je ne crois pas qu'on doive être à l'intérieur de l'organisation de l'Église pour proclamer l'Évangile et la Parole de Dieu. Tous les membres de l'Église ont droit à la parole et ont même un certain devoir à la parole. Je veux dire que chaque chrétien devrait faire son possible pour devenir un exemple de générosité et de tolérance. Parler de Jésus, c'est très bien, mais devenir des exemples de son enseignement dans notre quotidien, c'est encore mieux.

Ce que nous faisons avec La Victoire de l'Amour, c'est de rentrer dans les foyers, chez les gens, pour leur parler de Dieu, de Jésus, et pour leur apporter des témoignages émouvants. Nous voulons communiquer avec le plus grand nombre dans un esprit de fête et de joie pour se rassembler dans la Parole.

C'est vrai que dans certaines églises, c'est un peu triste.

Je crois qu'aujourd'hui il faut avoir de l'audace et faire passer le message du Christ avant tout. Avant les rituels, surtout. Bien sûr, les rituels sont importants, mais il ne faut pas qu'ils étouffent le message qu'ils sont supposés appuyer. Jésus est vivant, soyons donc vivants nous aussi. Prenons conscience que Jésus n'est pas seulement un cours de catéchisme ou qu'il n'est pas une religion. Le Christ est tout. Il a vaincu la mort et nous offre la vie éternelle.

Quand on prend conscience que la très grande majorité des Québécois ne pratiquent plus, il faut absolument se poser des questions urgentes. Qu'est-ce qui a fait fuir tous

Un des moments les plus extraordinaires que Sylvain a eu la chance de vivre durant ces 15 années de La Victoire de l'Amour: une rencontre avec Jean-Paul II. Le pape encourageait les nouvelles façons de transmettre le message des Écritures pour raviver la foi.

ces gens hors des églises ? Comment en sommes-nous rendus à transformer des églises en condominiums ? Ces questions appartiennent à toute la communauté. Et c'est toute la communauté qui a tout de même gardé une foi en Dieu qui doit se pencher sur ces questions pour y trouver une réponse.

Je suis heureuse quand je vois que tu as trouvé TA voie avec ce que tu fais présentement. Tu as toujours voulu apporter ta contribution au bien-être des autres et tu as l'air épanoui comme jamais.

Ce qui me fait le plus plaisir, c'est lorsque je rencontre les gens qui nous écoutent à la télévision. Dans ces moments-là, je peux voir et comprendre l'importance de ce que nous faisons. Et c'est vraiment étonnant de voir qu'il y a, parmi notre auditoire, des jeunes et des plus âgés.

Un homme dans la quarantaine me confiait récemment qu'il écoute notre émission du matin avant de se rendre à son travail. C'est son moment de spiritualité quotidien avant de commencer sa journée. « Si je n'avais pas ça, il y a des matins où j'aurais de la difficulté à plonger dans l'action. » Cet homme travaille dans un centre de soins de longue durée. Il m'a confié aussi que son travail exigeait de lui une grande force morale, car il côtoie quotidiennement le désarroi et la souffrance. Notre émission du matin se révèle donc très importante pour lui.

Il y a aussi régulièrement des gens qui nous font de beaux commentaires à notre église de Stanstead lorsqu'ils nous reconnaissent. Il n'y a pas que tes parents qui sont fiers de toi.

Ça fait quinze ans que j'ai confiance aveuglément dans le Christ pour mener à bien cette œuvre de foi. Régulièrement, nous obtenons des preuves de la Providence que nous sommes sur la bonne voie. Dès le départ, il y a quinze ans, jusqu'à aujourd'hui, nous avons été aidés dans des moments difficiles. Aux bons moments, l'aide prenait la forme qu'il fallait pour nous permettre de continuer. Au début, comme je l'ai déjà dit dans d'autres circonstances, ce fut un prêt sans intérêts d'un ami « qui ne croit pas en Dieu » qui m'a permis de démarrer l'œuvre. Puis, ce furent des rencontres et des dons qui arrivaient à des moments cruciaux. Oui, la Providence est un signe du Ciel que nous sommes dans la bonne direction.

***

Un autre détour

Dans ma vingtaine, j'ai aussi dû faire face à un autre état d'âme plus difficile. Heureusement, je m'en suis sorti en grande partie grâce à mon séjour chez les moines de Saint-Benoît.

Tout au long de ma vingtaine, j'ai traîné avec moi des idées suicidaires. Je t'en ai déjà parlé, maman, mais je dois en reparler dans le contexte de ce livre, pour une raison : je veux que tous ceux qui ont des idées de ce genre comprennent que l'on peut s'en sortir.

Dans mon cas, c'est la foi qui m'a permis de le faire. J'ai tellement été soulagé de tout ça.

Quand j'y pense aujourd'hui, ça me semble si loin de moi, mais je me rappelle très bien la lourdeur qui me suivait constamment et qui pesait sur mes épaules. Les idées noires m'envahissaient et me troublaient sans que je puisse m'y soustraire. Presque tous les jours, les pensées suicidaires tournaient dans mon esprit. J'avais l'impression de ne pas pouvoir m'en sortir.

C'était une véritable obsession. J'avais préparé des lettres pour mes proches, dans lesquelles j'expliquais mon geste. Ma façon de procéder pour me suicider était planifiée dans les moindres détails. C'est pour dire à quel point c'était devenu une obsession.

Le message que je veux laisser à tous ceux qui sont dans la même situation, c'est que Dieu ne vous laissera pas tomber. Il s'agit de lever les yeux vers Lui et de Lui parler, sincèrement et sans détour.

***

Témoignage de Denis Charron

Pendant toute notre jeunesse, Sylvain et moi n'avons jamais été sur la même longueur d'onde. Je ne sais pas pourquoi, mais nous étions des contraires qui ne s'attiraient pas du tout. Sylvain avait parfois la mèche courte et on dirait que je ne pouvais pas résister à le faire exploser. Je devais avoir le tour pour le piquer au vif. Nos disputes et nos tiraillements faisaient le malheur de notre mère. Le seul fait de nous trouver à la même place au même moment, la chicane démarrait. Dire que nous étions comme chien et chat n'est pas assez fort. Probablement que ça devait être une forme de jalousie. Heureusement, aujourd'hui notre relation est bien différente.

Lorsque Sylvain a démarré son œuvre, je me suis pas mal moqué de lui. La religion, ce n'était pas pour moi et je trouvais que c'était une perte de temps. Comme bien des gens, je pensais que ça servait de béquilles pour ceux qui ont de la difficulté à penser par eux-mêmes.

Un peu plus tard, je suis passé par des moments assez pénibles. J'ai commencé à consommer de la drogue et je me suis enlisé rapidement. De la drogue légère, je suis passé à de la plus forte, et j'avais l'impression de perdre totalement le contrôle. Dans le milieu que je fréquentais, il était facile de se laisser entraîner. Ça devient vite un état permanent et il est très difficile de fonctionner au quotidien sans consommer.

Sylvain faisait régulièrement des tentatives de rapprochement. Il voyait bien que je me dirigeais tout droit dans un mur. Mais moi, je ne voulais rien savoir et je lui répondais assez durement de se mêler de ses bondieuseries.

Mais une détresse immense m'envahissait de plus en plus. Je ne savais plus quoi faire. Pour la première fois de ma vie, j'ai accepté de m'adresser à Dieu. J'étais couché sur mon lit et mon état était assez lamentable. J'ai demandé à Dieu de m'aider à me libérer de mon enfer.

Ça ne s'est pas fait tout d'un coup, comme dans un film. Petit à petit, j'ai trouvé la force de réduire ma consommation de drogue, jusqu'à arrêter complètement. Ce qui m'était apparu comme impossible se réalisait doucement, sans trop de problèmes.

J'avais commencé à travailler avec Sylvain. Je chantais dans les soirées de ce qui était à l'époque Évangélisation 2000. Moi qui n'avais jamais voulu croire en Dieu, je chantais maintenant sa gloire. Moi qui avais toujours rejeté l'idée que Dieu existe, voilà qu'Il m'avait tendu la main pour m'aider à m'en sortir.

Six mois après la date de ma dernière consommation, j'ai pourtant rechuté. J'ai tenté de le cacher le plus longtemps possible à

Sylvain et à mon entourage. J'avais tellement peur d'être jugé puis d'être rejeté.

Finalement, plus rien n'allait et j'ai dû tout avouer à Sylvain. Contrairement à ce que je m'attendais, Sylvain ne m'a pas jugé. « C'est normal de rechuter. Ce serait trop facile si on s'en sortait toujours du premier coup. » Puis, il m'a proposé de nouveau son aide pour m'en sortir.

Aujourd'hui, Sylvain et moi sommes les plus grands amis du monde. Nous nous entendons à merveille. Mon frère avec qui j'étais en lutte constante est devenu un grand complice. C'est un des plus beaux cadeaux que j'aie pu recevoir.

Et ça ne s'est pas arrêté là. Quelques années plus tard, ma conjointe Line et moi avons eu une fille, Krystina. Elle était en parfaite santé, sauf pour ses yeux. Elle est née aveugle. Les médecins ont été catégoriques. Les chances qu'elles puissent voir un jour étaient nulles. Nous en avons consulté des spécialistes afin d'être bien sûrs qu'il n'y avait rien à faire. Ce fut une très grande épreuve.

Pourtant, aujourd'hui, elle voit. Pas de façon tout à fait normale. Mais elle voit.

Ce qui s'est passé, je dis que c'est un miracle dû à la prière de milliers de personnes.

Krystina n'avait pas tout à fait un an lorsque Sylvain nous proposa de venir à son émission du dimanche. Il voulait présenter notre fille et la recommander aux prières des téléspectateurs. Nous avons accepté sans trop d'attentes. Nous avions tellement entendu de spécialistes affirmer que notre fille ne verrait jamais.

Dans les jours qui ont suivi, une des plus grandes émotions que j'ai pu vivre allait envahir notre famille. De tout petits signes nous portaient à constater que Krystina commençait à distinguer des mouvements. Du regard, elle suivait des objets que l'on déplaçait devant son visage. Incrédule au départ, nous ne pouvions que nous rendre à l'évidence. En l'espace de quatre mois, Krystina avait une capacité visuelle presque normale. La spécialiste qui la suivait n'en est jamais revenue. Elle ne pouvait pas expliquer un tel revirement. Cette évolution de son état était médicalement impossible.

Pourtant, notre petit miracle a aujourd'hui sept sept ans et elle voit !

Nous remercions Dieu tous les jours. Lorsque je vois ma belle Krystina, pétillante de vie, jouer devant la maison avec ses amis, lorsque je la vois rire aux éclats, je ne peux m'empêcher de dire merci... merci pour ce merveilleux trésor.

***

Témoignage d'Hélène Fontayne

«Mon grand ami Sylvain»

Je connais Sylvain depuis plus de vingt ans. Nous nous sommes rencontrés à Québec. Il travaillait comme recherchiste pour le bureau de Québec du réseau TVA. Moi, je travaillais pour le bureau de Montréal. Pour un temps, la direction m'avait demandé d'être en poste à Québec.

Dès le début, j'ai trouvé Sylvain d'un dynamisme et d'une fougue rares, surtout pour son âge. Il avait la jeune vingtaine et il avait une énergie débordante. Nous nous sommes liés d'amitié très rapidement. C'était une relation d'amitié, d'égal à égal, un peu spéciale, car j'avais le double de son âge.

Nous nous rencontrions au restaurant et nous prenions le repas du soir ensemble.

Nous parlions durant des heures. Nous discutions de tous les sujets. Ça m'impressionnait d'entendre ce jeune homme parler avec autant de maturité sur toutes sortes de thèmes. Je sentais, par contre, que Sylvain se cherchait de façon très intense. Il était insatisfait de la vie et il ne voulait pas se contenter de demi-satisfaction. Son travail de recherchiste, il le faisait très bien. Comme tout ce qu'il entreprend d'ailleurs, sauf que ça n'était pas sa voie. Il faut comprendre que pour quelqu'un comme Sylvain, il est impossible qu'il se satisfasse à 80 % ou même à 90 %. Ce n'est pas assez. Sylvain a besoin de se donner à 100 % pour un objectif qui le passionne à 100 %.

Il ne le savait pas encore, mais il était appelé à faire beaucoup.

Lorsque je suis revenue à Montréal, Sylvain avait déjà changé d'emploi. Un de ses oncles l'avait engagé dans sa concession de voitures Subaru. Il n'y est pas resté longtemps, mais je sais qu'il a fait sensation dans l'entreprise. Il a battu des records de vente sans aucune expérience préalable dans ce domaine.

Lui à Québec et moi à Montréal, nous nous parlions régulièrement au téléphone. À un certain moment, je lui ai dit : « Sylvain, si tu n'es pas bien et que tu ne trouves rien à Québec, viens donc à Montréal. Peut-être y trouveras-tu ce que tu cherches tant. » Et il est venu. Il a travaillé pour plusieurs éditeurs à faire de la promotion. Mais il se cherchait encore.

Puis, un certain jour de la Saint-Valentin, Sylvain m'appelle et me dit : « J'ai décidé d'aller passer une semaine chez les moines de l'abbaye de Saint-Benoît-du-Lac. J'ai besoin de faire le point sur ma vie. »

Lorsqu'il est revenu me voir après cette semaine de méditation et de prières, Sylvain était totalement transformé. Et ce n'était pas qu'un cliché.

Sylvain était tellement malheureux. Il savait qu'il y avait quelque chose de mieux pour lui que ce qu'il faisait depuis des années. Tout à coup, il était tellement différent. Je n'en revenais pas.

Il commença à me parler de son projet de créer Évangélisation 2000. Ses yeux brillaient.

À ce moment-là, nous allions manger ensemble deux fois par semaine. Son enthousiasme et sa nouvelle joie de vivre ne déclinaient pas. Il avait une vision claire de ce qu'il voulait faire et, enfin, il pouvait affirmer qu'il avait trouvé sa voie.

De mon côté, tout allait bien. Sur le plan professionnel, de beaux projets se matérialisaient et j'étais sur le point de signer un contrat pour une série à la télévision.

Un jour, au restaurant, Sylvain arrive et il est blanc comme un drap. Aujourd'hui, je sais que quand Sylvain a le teint pâle comme ce jour-là, c'est qu'il vient de prendre une décision très importante. Il me dit donc :

« Hélène, est-ce que tu voudrais venir travailler avec moi dans ce projet dont je te parle depuis quelque temps ? »

Je m'en souviens encore. Ma réponse m'a moi-même surprise. Le mot est sorti de ma bouche sans que je puisse le retenir. « Oui. » C'était comme si ce oui avait été prononcé par quelqu'un d'autre. Le soir, chez moi, j'en parlais avec mon mari et je ne comprenais pas ce que j'avais fait. J'étais heureuse dans ce que je faisais. De belles perspectives s'ouvraient devant moi. C'est ce que j'attendais depuis longtemps. Pourquoi avais-je dit oui à la demande de Sylvain ?

Je crois qu'il m'avait tellement parlé de son projet en des termes si passionnés et passionnants que ça s'est transformé en un appel. Sylvain m'avait communiqué son besoin contagieux de spiritualité.

Mon mari m'a entièrement appuyée dans ce choix. Il m'a dit simplement : « Si c'est là que tu crois que tu seras le mieux, vas-y. » J'ai donc annulé tous mes autres projets. Au début, ce n'était pas évident. Tout était à faire. Mais je n'ai jamais regretté. J'avais trouvé ma mission.

Après quinze ans d'existence, l'aventure de La Victoire de l'Amour est toujours aussi emballante et stimulante. Travailler avec Sylvain demande de pouvoir s'adapter rapidement à toutes sortes de situations. Sylvain est une source intarissable d'idées. Il arrive presque chaque semaine avec de nouveaux projets. Quel bonheur que de collaborer avec quelqu'un d'aussi généreux ! Sylvain ne garde rien. Il donne tout. Même lorsqu'il s'agit de prendre le crédit pour les bonnes idées. Sylvain est un homme généreux de tout ce qu'il a et qui s'oublie souvent pour faire plaisir aux autres.

***

Témoignage de Robert Jolicœur, prêtre

«Le jeune homme qui posait tant de questions»

La première fois que j'ai vu Sylvain, j'ai eu toute une surprise. J'étais invité au collège de Stanstead afin de parler à des jeunes de 5e secondaire. Dans la classe en question, il y avait 25 filles et 2 garçons. Il y a toujours eu beaucoup plus de filles que de garçons dans cet établissement d'enseignement privé dirigé par les Ursulines.

Mais ce qui m'avait impressionné, ce n'était pas la disparité du nombre entre garçons et filles, mais la somme de questions qu'un des deux jeunes hommes posait avec tellement de conviction et d'intérêt. J'en étais décontenancé. Il ne tentait pas d'épater la galerie avec ses questionnements sur Dieu, sur le sens de la vie et sur la dimension spirituelle de l'existence. Le cerveau de ce garçon bouillonnait littéralement de questions très intenses et réfléchies... et il cherchait des réponses de façon tout aussi intense. Il n'était pas prêt à se contenter de peu. Il voulait discuter, argumenter et développer sa pensée et ses croyances. Je n'avais pas vu ça souvent chez un adolescent.

Plus tard, nous nous sommes revus dans différentes circonstances. Nous parlions de tout et de rien durant un moment, puis, Sylvain me posait des questions et nous discutions. Comme il l'avait fait au collège, il cherchait toujours des réponses aux grandes questions de la vie et de la foi.

Il se passa quelques années où l'on ne se vit plus. Durant ce temps, Sylvain fit un voyage très important au cœur de sa propre existence. Il alla au bout de lui-même, cherchant une façon de satisfaire sa soif d'absolu.

Sylvain venait à peine d'avoir 29 ans lorsque nous nous sommes revus et qu'il me parla de son projet de créer Évangélisation 2000. Il y avait tellement d'enthousiasme dans sa voix que je ne pu faire autrement que de l'encourager et lui apporter mon appui.

Il voulait s'inscrire dans le courant que Jean-Paul II avait esquiscer dans un de ses textes si inspirant. Jean-Paul II encourageait les nouvelles initiatives d'évangélisation dont le support serait en partie lié aux nouveaux médias de communication. Télévision et Internet, parmi ces nouveaux médias, étaient au coeur des moyens que Sylvain voulait utiliser.

Quinze ans plus tard, ce qui était Évangélisation 2000 et qui est devenu La Victoire de l'Amour, aide quotidiennement des gens à se ressourcer et à maintenir la flamme de leur foi vivante. Cette nouvelle manière de célébrer la Parole comble un besoin immense.

Ce jeune homme qui posait tant de questions n'a pas la prétention de répondre aux questionnement des croyants, il veut simplement mettre en lumière les réponses qui se trouvent déjà dans les Écritures.

***

Conclusion

Une grande Victoire de l'Amour

L'aventure de La Victoire de l'Amour a maintenant quinze ans. Sylvain, notre fils, lui a donné naissance après avoir cherché longuement sa voie. Avant, il avait tenté de trouver le bonheur ailleurs que dans la foi. Mais Sylvain est un homme avec un besoin d'idéaux. Il avait un goût pour servir les êtres humains et pour servir Dieu. C'est donc tout naturellement que la foi est venue le chercher pour calmer sa soif de bonheur.

Lorsque nous nous souvenons de ce petit garçon tranquille assis à la table et tellement absorbé par les conversations des grands, lorsque nous le revoyons si studieux et curieux, lorsque nous l'entendons dans nos souvenirs poser plein de questions sur tout et sur Jésus, nous ne pouvons que constater qu'il est encore le même être passionné et entier qu'il a toujours été.

Ses grandes qualités l'ont mené sur le sentier de la foi où Dieu l'attendait avec un projet. Il a relevé le défi. Son objectif principal a été de faire naître une lumière dans le cœur de ceux qui voulaient bien ouvrir leur âme. Sylvain a été un porteur de flambeau. Simplement, il veut apporter sa contribution.

Mon fils, nous sommes fiers de toi.

Ta mère, Louise
Ton père, Jean

C.P. 120
succursale Boucherville
Boucherville (Québec)
J4B 5E6

Téléphone
Montréal et sa région
514 523-4433

Téléphone
Extérieur de la région de Montréal
1 888 811-9291

Heures de communication
Du lundi au vendredi de 9 h à 16 h

Internet
www.lavictoiredelamour.org